D1267677

BIBLIOTHECA

SCRIPTORVM GRAECORVM ET ROMANORVM

TEVBNERIANA

HERODAS

MIMIAMBI

CVM APPENDICE FRAGMENTORVM MIMORVM PAPYRACEORVM

EDIDIT

I. C. CUNNINGHAM

MONACHII ET LIPSIAE

IN AEDIBVS K.G. SAUR MMIV

PA3404
.H555
2004 x

055141548

Bibliographic information published by Die Deutsche Bibliothek

Die Deutsche Bibliothek lists this publication in the
Deutsche Nationalbibliografie; detailed bibliographic data is available
in the Internet at **http://dnb.ddb.de.**

Gesamtherstellung: Druckhaus „Thomas Müntzer" GmbH, 99947 Bad Langensalza
ISBN 3-598-71258-8

HOC VOLVMINE CONTINENTVR

PRAEFATIO

De Heroda mimiambisque eius

Etiam nomen poetae mimiambici non omnino certe traditur: sillybus papyri non exstat; unus eorum qui eum citant Athenaeus Ἡρώνδας praebet, omnes alii Ἡρώδας (uel Ἡρώδης). pro illa forma ut rariore et exquisitiore arguit Masson[7] (haec citatio similesque in conspectu librorum infra explicantur), sed hanc cum plurimis recentioribus editoribus praetuli quia plures testes ei fauent. eum mimiambos suos circa annos 275 – 265 ante Chr. et fortasse in regno Aegyptiaco composuisse ueri similiter colligitur, praecipue ex mentionibus in mim. 1 templi Ptolemaei II Arsinoaeque (30) et Musei (31) et in mim. 4 Praxitelis filiorum (23 – 26) et Apellis (76 – 78) (uid. Cunningham[3], Miralles[2]). in mim. 8, 76 sqq. gloriam sibi praedixit, sed res praeter spem euenit. nam pauci antiquitus eum legerunt: duo uolumina papyracea in Aegypto ecfossa sunt; eum laudat Plinius minor (ep. 4, 3, 3 [ad Arrium Antoninum] *ita certe sum adfectus ipse cum Graeca epigrammata tua, cum mimiambos [γ : iambos α β] proxime legerem. quantum ibi humanitatis, uenustatis, quam dulcia illa, quam amantia [α γ : antiqua β], quam arguta, quam recta. Callimachum me uel Heroden uel si quid melius tenere credebam*) et citant Athenaeus (uid. ad 11), Stobaeus (uid. ad 1, 15 – 16. 67 – 68; 6, 37 – 39; 10; 12; 13), Zenobius (uid. ad 3, 10), scholiasta in Nicandrum (uid. ad 8, 59 – 60), et Etymologicum Magnum (uid. ad 5, 32). per annos fere MDCC obliuione obrutus est. tum anno 1891 uolumen papyraceum, a Museo Britannico in Aegypto duobus ante annis emptum, publici iuris fecit F. G. Kenyon itaque Herodam in ora uirorum doctorum restituit.

De papyro Londiniensi

Hoc uolumen, uulgo **P** nuncupatum, nunc in Bibliotheca Britannica seruatur sub numero Pap. 135 (numerus iñ Pap. Egerton 1 anno 1934 mutatus est [Catalogue of Additions to the Manuscripts in the British Museum 1931 – 1935, London 1967, 362], sed numerus prior denuo in usu est). nouem mimiambos continet; duos aliunde notos et fortasse alios cum fine uoluminis ablatos esse conicitur. altitudo uoluminis est 12,4 cm,

columnarum singularum 8−8,5 cm. columnae 46 exstant uel incolumes
uel ex fragmentis restitutae (col. 42−46, uid. ad mim. 8); quarum 14
primae habent quaeque 15−16 lineas, reliquae 17−19. scriptum esse
uidetur circa uel paulo post 100 p. C., scriptura libraria parua sed per-
spicua, cum P. Oxy. 221 et P. Lit. Lond. 140 comparanda. ubi integre
seruatur, de lectione nullum dubium est, sed frequentius tineae ederunt
aut superficies abrasa est aut papyrus scissa. scriba ipse titulos mimiam-
borum et coronides extremas scripsit. eum exemplari aetatis Ptolemaicae
usum esse indicat consuetudo ι pro ει scribendi, quam imperfecte reddit.
multos errores ipse commisit, multos sine dubio ex exemplari fideliter
transcripsit; de correctionibus ipsius et diorthotae uid. infra. accentus,
spiritus, interpuncta pauca addita sunt, ut uidetur ad difficultates expli-
candas. spatia inter litteras hic illic relicta contra opinionem nonnullo-
rum significationem habent nullam; nam non modo inter uoces sed in
media uoce apparent. personarum uices paragrapho tantum indicantur,
quae nonnumquam omissa est, raro errore inserta.

De papyro Oxyrhynchica

Alterius uoluminis Herodei laciniam Oxyrhynchi repertam anno 1954
publici iuris fecit E. Lobel (The Oxyrhynchus Papyri 22, 2326; nunc Oxo-
nii in Museo Ashmoleano seruatam); ibi fines uersuum mim. 8, 67−75
agnouit Barigazzi[2]. textum in his paucis litteris paulo peiorem quam **P**
praebet.

De correctionibus in papyro **P** factis

De numero correctorum, de correctionibus cuique attribuendis, de
fide correctionum editores diuersissime iudicauerunt. compendium utile
opinionum priorum praebet Nairn[1] xlviii−liii; recentiores (et ego: Cun-
ningham[5] 17 n. 1) maxima parte rem iudicare recusauerunt. fidem cor-
rectionum impugnauit imprimis Crusius. ego papyrum ad hoc quantum
possem diiudicandum anno 1984 excussi. censeo (1) scribam se dum scri-
bit nonnumquam correxisse, (2) scribam errores plurimos exemplari
iterum collato correxisse, (3) diorthotam altero codice ut uidetur collato
errores nonnullos correxisse et uarias lectiones adscripsisse, (4) manus
recentiores paucas coniecturas et glossas adscripsisse, (5) manum ne-
scioquam cursiuam uersum 6, 94 addidisse, (6) perpaucas correctiones
reiciendas esse.

(1) et (2) exempla in apparatu passim inuenias. exemplum unicum
glossae a scriba ipso scriptae inuenias ad 1, 79.

PRAEFATIO

(3) diorthotae manus est gracilior et acutior, atque atramento palli-
diore utitur. ei debentur correctiones in 1, 5. 9. 17. 31. 34. 37. 39. 46. 50.
54. 71. 77. 78; 2, 8. 62. 84. 96. 102; 3, 45. 72. 75. 80. 82. 88. 91; 4, 12.
76. 94; 5, 4. 37. 69; 6, 34. 36. 38; 7, 99. notandum est numerum eius
correctionum per uolumen decrescere.

(4) manuum recentiorum tentamina inuenias ad 1, 15. 25; 2, 10; 3, 53;
4, 61.

(5) quis 6, 94 scripserit uix potest diiudicari.

(6) has tantum correctiones reiciendas esse censeo: scribae ipsius 6, 5
μετρῆι, 36 προσδώσω, 7, 58 βλάττια, 104 δεινοῖς, 8, 3 θάλψει, 19 εο[;
diorthotae 1, 34 τὸ δ’ εἶδος, 2, 102 βράζει, 3, 88 δ’, 91 μηθέν; manuum
recentiorum 3, 53 ἑβδομάδας, 4, 61 θερμά. (rationem reddidi in Cunning-
ham[5] ad locc. has correctiones quas ibi reieci nunc accipio: scribae 2, 73;
3, 50; 8, 37; diorthotae 4, 12. e contrario coniecturam manus recentioris
4, 61 nunc reicio.)

Vbi scriba litteram delere uult, punctum supra ponit. ubi correctio
supra scribenda est, et scriba et diorthota saepe litteram (-as) textualem
(-es) lineola recta uel obliqua delent, saepius nouam (-as) tantum scri-
bunt. nonnullis uersibus qui corrupti uisi sunt praeponitur lineola obli-
qua.

De dialecto Herodae

Herodam dialectum iambographi Hipponactis qui Epheso natus sae-
culo ante Chr. sexto Clazomenis uixit imitari uoluisse nunc fere omnes
consentiunt (olim crediderunt nonnulli eum dialecto populari et suae
aetatis usum esse [ita nuperrime Cataudella[3]], sed certum est et talem
dialectum tum non exstitisse et Herodae dialectum litterariam esse). sed,
ut in aliis poetis aetatis Hellenisticae recensendis, saepe difficile est hac
scientia in textu recte constituendo uti. nam nescimus qualis fuerit tex-
tus Hipponacteus ab Heroda lectus; habemus lacinias tantum operis
Hipponactei, easque fortasse corruptas; scimus textum Herodeum a P
praebitum nonnumquam esse corruptum.

In re tam lubrica rationem meam breuiter exponam. demonstrari
potest scribam P formas Atticas pro Ionicis ab Heroda frequenter usitatis
nonnumquam intulisse, tum eas correxisse: 1, 1 θυραν, η sscr., 17 κατα-
ψευδον, σο et ε sscr., 39 χη, κ sscr., 2, 36 οικιαν, η sscr., 67 οραισ, η sscr.,
72 ποτ, κ sscr., 3, 59 που, κ sscr., 4, 3 κωπολλων, κ corr. ex χ, 36 οπωσ, κ
sscr., 5, 9 που, κ sscr., 26 αμαρτιαν, η sscr., 7, 45 οτουνεκ, ε sscr., 48 οπωσ,
κ sscr. pro certo habeo eas correctiones recipiendas esse, ac pro uix minus
certo tales formas alibi erroneas esse: itaque α (ubi η Ionice), ου (pro

ε + o(v)), aspirationem ubique corrigo, π (in pronominibus adiectiuisque interrogatiuis) plerumque — nam in 2, 28. 56; 7, 22. 44 haereo, ubi fortasse Herodas εὐφωνίαν formae rectae praetulit. alias formas, quas **P** nunc Ionice nunc Attice scribit nec tamen corrigit, Ionice ubique scribendas esse censeo: τειχη 4, 7 (sed -εα alibi, et ἔᾰ et ἔᾱ legendum), υμασ 7, 118 (sed ὑμέας alibi et ubique ἡμέας), ω pro ε + ω (sed multo frequentius εω), ττ 5, 57; 6, 2 (sed alibi σσ), -αισ(ι) in dat. plur. (sed aeque -ησ(ι)), οτωι 2, 26 (sed ὅτεωι 7, 112), -ει in 2ᵃᵉ pers. med. (sed aeque -ηι), εἶ 1, 5; 5, 20 (sed εἰς 3, 74; 7, 95).

Aliis in rebus Herodam ipsum uariationem tolerauisse (uel uoluisse) metro demonstratur: ἀλοᾶν et ἀλοιᾶν, κᾱλός et κᾰλός, μοῦνος et μόνος, ὅσος et ὅσσος, τόσος et τόσσος, -ς et -σι(ν) in dat. plur., -ομεϑα et -ομεσϑα in 1ᵃᵉ pers. plur., -αι et -ειε in 3ᵃᵉ pers. optat., ἐς et εἰς. similia igitur metro non munita mutare non ausus sum. neque corrigendas esse censeo formas quasdam hyperionicas in **P** repertas: η 3, 35; 7, 88; 4, 21; 5, 44; -έων in gen. plur. 2ᵃᵉ et 3ᵃᵉ decl. 2, 80; 6, 11; -ευ- in participiis 4, 42. 89. nam ueri similius uidetur Herodam errauisse (non dicam lusisse) quam scribam tales formas intulisse. etiam in crasi καὶ ἐ- duas quas **P** praebet formas κᾱ̆- et κῆ- retineo; uerum est illud esse Ionicum et ab Hipponacte dictum, sed hoc praebent etiam papyri Callimachi Iamborum. de Dorica forma pronominis νιν (aeque μιν in **P**) haereo; non uideo neque cur Herodas ea usus sit neque cur scriba intulerit.

Spero me in rebus dialecticis a ueritate non multum decessisse, uix tamen me omnibus satisfacturum esse; quibusdam uidebor errores reliquisse, pluribus uerum expulisse. sed quae egi, egi considerate.

De editionibus prioribus

In editione principe Kenyon (1891) textum a **P** praebitum satis fideliter transcripsit paucis tantum cum annotationibus. multa correxit, plura temerarie corrupit Rutherford (1891). textum interpretari coeperat Buecheler (1892), magis atque magis integratum et emendatum in quinque editionibus suis praebuit Crusius (1892—1914), suis et aliorum disputationibus usus. dialectum inuestigauit Meister (1893), doctrina etiam hodie non superata nisi a V. Schmidt, qui tamen de quaestionibus selectis tantum disputauit. in textu explicando et illustrando diu sudauit Headlam, morte tamen abreptus antequam ipse commentarium publici iuris facere potuit; quod fecit Knox (1922) in editione doctissima sed consultu difficili et cuius textui supplementis non manifesto indicatis

PRAEFATIO

pleno confidendum non est. in mim. 8 restaurando multum profecit Knox (1922 et 1929). textus editionis eius posterioris paucioribus supplementis laborat, qua in re perseuerauerunt editores recentiores Cataudella (1948), Puccioni (1950), Cunningham (1971). commentaria uarie utilia praebuerunt anglice Nairn (1904) et Cunningham (1971), gallice Groeneboom (1922; mim. 1−6 tantum), italice Terzaghi (1925), Puccioni (1950), Massa Positano (1970−1973; mim. 1−4 tantum); uersiones anglicam Headlam − Knox (1922; uersio a Knox [1929] facta incommodissima est), gallicam Laloy (1928), germanicam Crusius − Herzog (1926), italicam Cataudella (1948). (editiones recentes a Miralles [1970] et Mandilaras [1978] factas me uidere non potuisse aegre fero.)

De hac editione

Papyrum Londiniensem, quam abhinc 20 fere annos diligenter contuli, iterum microscopio quod dicitur binoculari usus examinaui, ut et litteras dubias explicarem et manus correctrices discernerem (uid. supra). papyrum Oxyrhynchicam Oxonii inspexi. in textu uerba ipsius Herodae quantum potui imprimenda curaui, supplementis et coniecturis minus certis aut omnino dubiis in apparatum relegatis. apparatum triplicem institui: (1) actionis et testimoniorum; (2) rerum palaeographicarum et orthographicarum (accentus dico et alia signa, spatia, paragraphos, interpuncta; *ι* pro *ει*, *ι* mutum omissum; aspirationem, scriptionem plenam; cum **P** testis fere unicus sit, operae pretium esse existimaui omnia talia exponere); (3) apparatum criticum. plenum conspectum librorum et indicem uerborum addidi.

De appendice

Hic omnia fragmenta papyracea collegi quae plus minusue ueri similiter ad mimos uel genera similia (*ἱλαρῳδία, παίγνιον*, etc.) relata sunt. textus omnes praeter unum Varsouiensem (no. 11) aut in papyris ipsis aut per imagines phototypicas recensui. editiones principes et posteriores citaui (Powell = J. U. Powell, Collectanea Alexandrina, Oxonii 1925; Manteuffel = G. Manteuffel, De opusculis Graecis Aegypto e papyris, ostracis, lapidibusque collectis, Varsoviae 1930; Page = D. L. Page, Select Papyri III, Literary Papyri, Poetry, Cambridge, Mass. et London 1941; Heitsch = E. Heitsch, Die griechischen Dichterfragmente der römischen Kaiserzeit, Göttingen 1961; Wiemken = H. Wiemken, Der griechische Mimus, Bremen 1972). ad alia scripta uid. R. A. Pack, The Greek and Latin Literary Texts from Greco-Roman Egypt, ed. alt., Ann Arbor 1965 (cit. Pack[2]). in fragmentis indagandis et imaginibus acquirendis me adiuuerunt R. A. Coles (Oxonii), H. G. Gundel (Gissae), G. C. Hansen (Berolini), J. Irigoin (Parisiis), H. Maehler (Londinii), M. Manfredi (Florentiae), P. Mertens (Leodii), J. E. C. Mordkoff (Storrsii), P. Parsons (Oxonii).

I. C. Cunningham

CONSPECTVS LIBRORVM

Hic conspectus omnes qui usque ad finem a. 1984 mihi notuerunt libros ad Hero-dam pertinentes continet, nisi quod eae tantum uersiones includuntur quae prae-fationes uel notulas maioris momenti praebent. partes I et IIa secundum temporis rationem disponuntur, IIb litterarum ordine. editores et censores qui in IIa inueniri possunt etiam in IIb apparent. numeris superioribus in IIb nominibus adfixis ad ea in apparatu citanda utor. Herodae nomen qualicumque in forma uel casu per com-pendium redditur: H. = Hero(n)das (-es), E. = Ero(n)da, G. = Geroida.

I. Editiones et commentationes quae ante papyrum notam publici iuris factae sunt

Ruhnken, D., Opuscula, ed. alt., Lugd. Bat. 1823, 1, 391
Fiorillo, R., Herodis Attici quae supersunt, Lips. 1801, 171−180
Welcker, Th. F., Hipponactis et Ananii fragmenta, Gott. 1817, 87−89
Schneidewin, F. W., Delectus poesis Graecae, Gott. 1838, 231−234
Bernhardy, G., Grundriss der griechischen Literatur, Halle 1845, 2, 382; ed. alt. 1856, 2, 1, 476; ed. tert. 1867, 2, 1, 549
Meineke, A., in Babrii edit. Lachmanniana, Berol. 1845, 148−152
Schneidewin, F. W., Der Mimiambograph H., Rh. Mus. 5 (1847) 292−294
ten Brink, B., H. Mimiambi, Philol. 6 (1851) 354−356
Bergk, Th., Poetae Lyrici Graeci, ed. alt. Lips. 1853, 621−624; ed. tert. 1866, 2, 794−797; ed. quart. 1882 et quint. 1915, 2, 509−512
Hanssen, F., Quaestiuncula Pseudoanacreontica, Comment. phil. in hon. O. Ribbeck, Lips. 1888, 187−194
Sayce, A. H., Academy 1890, n. 937, p. 273; n. 962, p. 319
Weil, H., REG 3 (1890) 309−310
Susemihl, F., Geschichte der griechischen Literatur in der Alexandrinerzeit, Leipz. 1891, 1, 229−231

IIa. Editiones quae post papyrum notam separatim publici iuris factae sunt

Kenyon, F. G., Classical Texts from Papyri in the British Museum, Lond. 1891. censurae: anonymus[1], Blass[1], Crusius[1], Diels[1], Haussoulier, Müller, Neil, Stadt-müller[1], Weil[1]
H.: Facsimile of Pap. 135 in the British Museum, Lond. 1892
Rutherford, W. G., Lond. 1891. censurae: anonymus[1], Crusius[1], Diels[1], Herwer-den[1], Müller, Neil, Sitzler[1], Stadtmüller[1], Weil[1]
Bücheler, F., Bonn 1892 (cum uers. et comm.). censurae: Blass[2], Crusius[5], Ludwich[2], Neil, Spiro[1], Weil[2]
Crusius, O., Lips. 1892. censurae: Blass[3], Diels[5], Drachmann[1], Ellis[2], Meister[2], A. Michel, Neil, Spiro[2], Stadtmüller[2], Weil[3]
Meister, R., Leipz. 1893 (= Abh. d. kgl. sächs. Ges. d. Wiss., phil.-hist. Kl. 13, n. 7) (cum comm.). censurae: Crusius[12], Schulze[2]
Crusius, O., ed. alt. Lips. 1894. censurae: Drachmann[2], Meister[7], Sitzler[6], Stadt-müller[7]
Ragon, E., Paris 1898 (3, 4 tantum; cum uers.). censura: Reinach[4]

Crusius, O., ed. tert. Lips. 1898 (exemplar emend. 1900). censurae: Häberlin[2], Spiro[4]
Nairn, J. A., Oxford 1904 (cum comm.). censurae: Headlam[9], Meister[8], Reinach[6]
Crusius, O., ed. quart. Lips. 1905. censura: Zielinski[2]
Crusius, O., ed. quint. Lips. 1914. censurae: Oldfather, Preisendanz[1], Sitzler[12]
Headlam, W. – Knox, A. D., Cambr. 1922 (cum uers. et comm.). censurae: anonymus[2], Herzog[11], Lord, G. Murray, Taccone[2], Woodhead[1]. censurae nouae impressionis 1966: Arnott[1], Cataudella[5], Dumont, Garcia Gual, Garzya, Hošek, Lasserre[1], Miralles[1], Rolley, Sewter
Groeneboom, P., Groningen 1922 (1 – 6 tantum; cum comm.). censurae: Herzog[11], Italie, G. Murray
Terzaghi, N., Torino 1925 (cum comm.). censurae: Herzog[11], Knox[6], Pinto, Taccone[3]
Crusius, O. – Herzog, R., Leipz. 1926 (cum uers.). censurae: Calderini, Collart[1,4], Herrle, Knox[7], Maas[1], Nairn[3], Preisendanz[2], Vogliano[5], Woodhead[2]
Nairn, J. A. – Laloy, L., Paris 1928 (cum uers.). censurae: Chantraine[1], Collart[2], Dalmeyda[2], Knox[10], Meunier, Navarre, Renauld, Taccone[4], Vellay, Vogliano[6]
Knox, A. D., Lond. 1929 (cum uers.). censurae: Edmonds[2], Knapp, Maas[2], Snell
Arieti, C., Milano 1931 (non uidi)
Hundt, E., Paderborn 1935 (3, 4 tantum; non uidi). censura: Collart[3]
Cataudella, Q., Milano 1948 (cum uers.). censurae: Alfonsi, Hanslik, Longo, Pepe, Puccioni[4], Rodríguez
Puccioni, G., Firenze 1950 (cum comm.). censurae: Adrados, Cataudella[2], Chantraine[2], Hadas, Hombert[1], Hunger, Masson[1], Mervyn Jones, Pieraccioni, Traversa, Trypanis
Miralles, C., Barcelona 1970 (non uidi). censura: Cataudella[7]
Massa Positano, L., Napoli 1970 – 1973 (1 – 4 tantum; 1, 4 non uidi). censurae: Feraboli[1,2], Puccioni[6]
Cunningham, I. C., Oxford 1971 (cum comm.). censurae: Casanova, Cataudella[8], Feraboli[2], Giangrande[3], Koniaris, Lasserre[2], Lawall[2], Levin[1], Masson[7], Miralles[5], Puccioni[7], Rees, Verdenius[2], Williams
Μανδηλάρας, Β. Γ., Athen. 1978 (non uidi)
Μανδηλάρας, Β. Γ., ed. alt., Athen. 1986 (cum uers. et comm.)

II b. Commentationes quae post papyrum notam publici iuris factae sunt

Adrados, F. R., censura ed. Puccioni[5], Emerita 20 (1952) 568
Alfonsi, L., censura ed. Cataudella[1], Aevum 1948, 350 – 351
anonymus[1], censura edd. Kenyon[1] et Rutherford, Athenaeum 1891, n. 3335 p. 414
– [2], censura ed. Headlam[12], JHS 44 (1924) 123
Arieti, C., editio, Milano 1931
Arnott, W. G.[1], censura ed. Headlam[12] (nou. impr.), PACA 10 (1967) 41 – 44
– [2], H. and the Kitchen Sink, G & R 18 (1971) 121 – 132
– [3], censura lib. Mastromarco[2], G & R 27 (1980) 87
– [4], The Women in H., Mimiamb 4, Coroll. Londin. 4 (1984) 10 – 12
Austin, J. C., The Significant Name in H., TAPA 53 (1922) xvi
Barcenilla, A., censura lib. V. Schmidt[1], Helmant. 23 (1972) 154
Barigazzi, A.[1], Note ad E., Athen. 32 (1954) 410 – 421
– [2], Un nuovo fragmento di E., Mus. Helv. 12 (1955) 113 – 114
– [3], censura lib. Bo, Athen. 41 (1963) 417
Beare, J. I., H. vii. 96, CR 18 (1904) 287 – 288
Berkstrem, A., Herodas – Herondas, Žurnal Ministerstva narodnago prosvěščenija 1914 (non uidi; epitome ap. Marouzeau, Dix Années 1, 151)
Beschewliew, W., Zu H. Mim. i. 8, PhW 56 (1936) 1183
Blass, F.[1], censura ed. Kenyon[1], GGA 1891, 728 – 730
– [2], censura ed. Bücheler[2], GGA 1892, 230 – 237

Blass, F.[3], censura lib. et ed. Crusius[6,7], GGA 1892, 857–867
– [4], Die Entdeckungen auf dem Gebiete der klassischen Philologie, Kiel 1892
Bloch, L., Zur Geschichte des Meterkultes, Philol. 52 (1893) 577–583
Blümner, H.[1], Bilder aus dem altgriechischen Leben, Nord und Süd 59 (1891) 350–370
– [2], Kritisches und Exegetisches zu den Gedichten des H., Philol. 51 (1892) 113–136
Bo, D., La Lingua di E., Torino 1962. censurae: Barigazzi[3], Cataudella[3], D'Agostino[1], Masson[2], Scivoletto
Bonghi, R., I mimi di E., La Cultura n. s. 2 (1892) 177–187
Brancolini, A., Le calzature in E. 7. 57–61, Prometheus 4 (1978) 227–242
Brinkmann, A.[1], Ein Schreibgebrauch und seine Bedeutung für die Textkritik, Rh. Mus. 57 (1902) 481–497
– [2], ΛΑΜΒΔΑ ΠΕΡΙΕΣΤΙΓΜΕΝΟΝ, Rh. Mus. 59 (1904) 159–160
Brugmann, K., Κατασβῶσαι bei H., IF 1 (1891/2) 501–505
Brumeau, P., Deliaca (III). No. 30 Encore la pourpre: Δήλιος κυρτεύς (H. III 51) et Δήλιος κολυμβητής (D. L. II 22 et IX 12), BCH 103 (1979) 83–88
Bücheler, F.[1], ed. mim. 1, Rh. Mus. 46 (1891) 632–636 (= Kl. Schr. III, Leipz. 1930, 208–211)
– [2], editio, Bonn 1892
– [3], Über H. mit Interpretationen des 4. Gedichts, Ztschr. f. d. Gymn. 59 (1905) 176–177
Bursy, B., Miscellanea exegetica ad H. aliosque mimographos, Žurnal Ministerstva narodnago prosvěščenija 23, 353–375 (non uidi)
Calder, W. M., H. iii. 10, CR 38 (1924) 113
Calderini, A., censura ed. Herzog[12], Aeg. 7 (1926) 330
Carilli, M., censura lib. Mastromarco[2], Maia 32 (1980) 294–295
Casanova, A., censura ed. Cunningham[5], Prometheus 1 (1975) 92–94
Cataudella, Q.[1], editio, Milano 1948
– [2], censura ed. Puccioni[5], Ann. sc. norm. sup. Pis. 20 (1951) 272–279
– [3], censura lib. Bo, Gnom. 36 (1964) 31–36
– [4], Hellenistica No. 5, Helikon 7 (1967) 411–413
– [5], censura ed. Headlam[12] (nou. impr.), Sic. Gymn. n. s. 20 (1967) 338–339
– [6], censura lib. V. Schmidt[1], RFIC 98 (1970) 457–460
– [7], censura ed. Miralles[3], Sic. Gymn. n. s. 25 (1972) 118–119
– [8], censura ed. Cunningham[5], Sic. Gymn. n. s. 25 (1972) 130–134
Cessi, C., E., Atti real. Ist. ven. 84, 2 (1924/5) 309–320
Chantraine, P.[1], censura ed. Nairn[4], Rev. cr. 1929, 6
– [2], censura ed. Puccioni[5], RPh s. 3 27 (1953) 220
Collart, P.[1], censura ed. Herzog[12], RPh s. 3 1 (1927) 178–179
– [2], censura ed. Nairn[4], RPh s. 3 3 (1929) 420
– [3], censura ed. Hundt, REG 49 (1936) 487
– [4], censura ed. Herzog[12], RPh s. 3 15 (1941) 47
Colombo, M. P., La poesia di E., Dioniso 4 (1934) 100–119
Cosattini, A.[1], Herondaea, Xenia Romana (Roma 1907) 9–14 (non uidi)
– [2], κάδου ἱμανήθρη, RFIC 39 (1911) 418–421
– [3], La poesia mimetica alessandrina, Milano 1913 (non uidi)
Crawley, A. E., Academy 1891, n. 1014, p. 314; n. 1017, p. 385
Croiset, A., Histoire de la littérature grecque 5, Paris 1899, 174–180
Crusius, O.[1], censura ed. Kenyon[1], Lit. Zentralbl. 1891, 1319–1324
– [2], Die Betonung des Hinkiambus nach dem H. papyrus, Philol. 50 (1891) 446
– [3], Proben aus den Mimiamben des H., Philol. 50 (1891) 713–721
– [4], censura ed. Rutherford et comm. Nicholson, Lit. Zentralbl. 1892, 186–187
– [5], censura ed. Bücheler[2], Lit. Zentralbl. 1892, 571–572
– [6], Untersuchungen zu den Mimiamben des H., Leipz. 1892. censurae: Blass[3], Diels[5], Ellis[2], A. Michel, Neil, Spiro[2], Stadtmüller[2], Weil[3]

CONSPECTVS LIBRORVM

Crusius, O.[7], editio prima, Lips. 1892
− [8], ἀπότακτος bei H. iii. 69, Philol. 51 (1892) 315
− [9], Nachlese zu H., Philol. 51 (1892) 536−540
− [10], Ad H. addenda et corrigenda I, Philol. 51 (1892) 653
− [11], censura uers. Dalmeyda[1], Lit. Zentralbl. 1893, 1018
− [12], censura ed. Meister[4], Lit. Zentralbl. 1893, 1149−1153
− [13], Antiquarische Randbemerkungen, Philol. 52 (1893) 514−522
− [14], uersio, Göttingen 1893. censurae: Immisch[2], Meister[6], Spiro[3], Sitzler[3]
− [15], censura comm. Wright, BphW 14 (1894) 578−582
− [16], ΑΠΟΛΛΩΝ ΑΥΡΕΥΣ, IF 4 (1894) 171−174
− [17], editio altera, Lips. 1894
− [18], Zur kritischen Grundlage des H. textes, Philol. 54 (1895) 384
− [19], editio tertia, Lips. 1898 (exemplar emend. 1900)
− [20], Die Anagnostikoi, Festschrift Gomperz, Wien 1902, 381−387
− [21], editio quarta, Lips. 1905
− [22], Über den Mimendichter H., SBbayAk. 1907, 227−228
− [23], Über das Phantastische im Mimus, Neue Jahrb. f. d. Klass. Alt. 13 (1910) 81−102
− [24], editio quinta, Lips. 1914
− [25], Der Traum des H., Philol. 79 (1924) 370−386
− [26], editio Crusius − Herzog, Leipz. 1926
Cunningham, I. C.[1], H. vi and vii, CQ n. s. 14 (1964) 32−35
− [2], H. i. 26ff., CR n. s. 15 (1965) 7−9
− [3], H. iv, CQ n. s. 16 (1966) 113−125
− [4], censura lib. V. Schmidt[1], CR n. s. 21 (1971) 22−24
− [5], editio, Oxford 1971
− [6], censura lib. Mastromarco[2], JHS 101 (1981) 161
− [7], haec editio
D., F. (Cambridge)[1], Academy 1891, n. 1018 p. 409
− [2], Academy 1892, n. 1055 p. 72; n. 1056 p. 93; n. 1058 p. 133; n. 1059 p. 153; n. 1060 p. 173; n. 1061 p. 195
− [3], Academy 1894, n. 1155 p. 520
D'Agostino, V.[1], censura lib. Bo, RSC 11 (1963) 329−330
− [2], censura lib. V. Schmidt[1], RSC 19 (1971) 420−422
Dalmeyda, G.[1], uersio, Paris 1893. censurae: Crusius[11], Hauvette, Reinach[2], Stadtmüller[4]
− [2], censura ed. Nairn[4], REG 43 (1930) 339
Danielsson, O. A., Zu H.' Mimiamben, WKP 8 (1891) 1323−1327. 1353−1357
Darbishire, H. D., Κατασβῶσαι, H. v. 39, CR 6 (1892) 277 = Reliquiae Philologicae, Cambr. 1895, 106
Deubner, L., Zu hellenistischen Dichtern und Properz. 1. H. iv. 20, Philol. 95 (1942/3) 20−21
Diels, H.[1], censura edd. Kenyon[1] et Rutherford, DLZ 12 (1891) 1407−1411
− [2], Arch. Anz. 6 (1891) 190
− [3], Zu H., SBBerl. 1892, 17−19
− [4], Zum 6. und 7. Gedichte des H., SBBerl. 1892, 387−392
− [5], censura lib. et ed. Crusius[6,7], DLZ 13 (1892) 1682
Dieterich, A., Die Göttin Mise, Philol. 52 (1893) 1−12 (= Kl. Schr., Leipz. 1911, 125−135)
Drachmann, A. B.[1], censura ed. Crusius[7], Nord. Tidsskr. f. Filol. s. 3 1 (1892/3) 196−202
− [2], censura ed. Crusius[17], Nord. Tidsskr. f. Filol. s. 3 3 (1894/5) 151−152
− [3], Zu Crusius' H., Nord. Tidsskr. f. Filol. s. 3 5 (1896/7) 183−184
Dumont, A., censura ed. Headlam[12] (nou. impr.), LEC 35 (1967) 88
Edmonds, J. M.[1], Some Notes on the H. Papyrus, CQ 19 (1925) 129−146

Edmonds, J. M.[2], censura ed. Knox[11], CR 45 (1931) 24−28
Ellis, R.[1], Emendations of H., CR 5 (1891) 360−363
−[2], censura lib. et ed. Crusius[6,7], Academy 1892, no. 1070 p. 413−414
−[3], The Epoch of H., CR 5 (1891) 457
−[4], On H., JPhil. 23 (1895) 19−28
−[5], JPhil. 28 (1901) 17
−[6], JPhil. 31 (1908) 47
Ernout, A., censura lib. Merone, RPh s. 3 29 (1955) 109
Evelyn White, H. S., Note on H. ii. 44−5, CR 23 (1909) 43−44
Feraboli, S.[1], censura ed. Massa Positano (1), Maia 23 (1971) 194−196
−[2], censura edd. Cunningham[5] et Massa Positano (2), Maia 24 (1972) 174−177
Forssmann, B., censura lib. V. Schmidt[1], IF 75 (1970) 322−325
Fürst, K.[1], Byly H. mimijamby určeny k provozevání?, Listy filol. 34 (1907) 6−22.
    93−101. epitome in Eos 14 (1908) 220, WKP 34 (1917) 180
−[2], Sborník prácí filol. univ. prof. F. Grohovi, Pragae 1925, 9 sqq. (non uidi)
Galiano, M. F.−Gil, L., Una vez mas sobre H., Stud. Funaioli, Roma 1955, 67−82
Garcia Gual, C., censura ed. Headlam[12] (nou. impr.), Emerita 35 (1967) 367
Garzya, A., censura ed. Headlam[12] (nou. impr.), Le parole e le idee 8 (1966) 77
Gerber, D. E., H. 5. 1, Harv. Stud. 82 (1978) 161−165
Gercke, A. − Günther, O., ed. mim. 3, WKP 8 (1891) 1320−1323
Gerhard, G. A., H., Pauly − Wissowa, RE 8, 1 (1912) 1080−1102
Giangrande, G.[1], Interpretations of H., QUCC 15 (1973) 82−98
−[2], Erklärungen hellenistischer Stellen: H. 7. 124−9, Graz. Beitr. 1 (1973) 139−
    141
−[3], censura ed. Cunningham[5], CR n. s. 24 (1974) 33−36
−[4], Preliminary Notes on the Use of Paragraphos in Greek Papyri, Mus. phil. Lond.
    3 (1978) 147−151
Gigante, M., Per il Molpino di E., PP 147 (1972) 412−414
Gil, L., ΛΕΙΑΙ. Un Calzado Femenino (H. vii. 57), Emerita 22 (1954) 211−214
Girard, J., Les mimes grecs, Rev. des deux mondes 116 (1893) 63−99
Green, R. M., The Sacrifice to Asclepios: A Mime of H., Boston 1913 (non uidi)
Greene, H. W., μῦς πίττης γεύεται, CR 6 (1892) 227
Groeneboom, P.[1], Adnotatiunculae ad H., Mnem. 41 (1913) 185−193
−[2], Varia, Mnem. 44 (1916) 320
−[3], Varia, Mnem. 46 (1918) 165−167
−[4], Ad H., Mnem. 50 (1922) 50−61
−[5], editio, Groningen 1922
Grossi, M., Sull'esordio del mimo VI di E., Rh. Mus. 127 (1984) 259−262
Grünhaldt, H., Zum Lehrer des H., WKP 8 (1891) 1414
Gurlitt, W., Der 4. Mimiambus des H., Arch.-epigr. Mitt. aus Öst. 15 (1892) 169−
    179
Hadas, M., censura ed. Puccioni[5], CW 46 (1952/3) 22
Häberlin, C.[1], censura lib. Hertling, WKP 17 (1900) 430−432
−[2], censura ed. Crusius[19], BphW 23 (1903) 452
Hall, F. W., Academy 1891, n. 1012 p. 266; n. 1018 p. 409
Halliday, W. H., H. iii. 93, CR 37 (1923) 115
Hanslik, R., censura ed. Cataudella[1], Anz. f. d. Alt.wiss. 6 (1953) 172
Happ, H., censura lib. V. Schmidt[1], AAHG 28 (1973) 182
Hardie, W. R., Academy 1891, n. 1015 p. 337−338; n. 1017 p. 384−385
Harrison, E., On H. iv. 54 and the Impersonal Passive, PCPS 1904, 5−6
Hauler, E., Über Sophron, Theokrit und H., Verhandl. der 42. Versammlung deut-
    scher Philologen und Schulmänner in Wien 1893 (1894) 256−270, praesertim
    265−270
Haussoulier, B., censura ed. Kenyon[1], RPh 15 (1891) 156−160
Hauvette, A., censura uers. Dalmeyda[1], Rev. cr. 36 (1893) 75−76

Headlam, W.[1], Athenaeum 1891, n. 3332 p. 322; n. 3333 p. 354
— [2], Academy 1891, n. 1014 p. 314; n. 1016 p. 362; n. 1023 p. 538
— [3], Academy 1892, n. 1029 p. 88 – 89; n. 1030 p. 112
— [4], JPhil. 21 (1893) 82 – 83
— [5], Remarks on the Text of H., CR 7 (1893) 313 – 314
— [6], H., CR 7 (1893) 404
— [7], On H., CR 13 (1899) 151 – 156
— [8], CR 17 (1903) 249
— [9], censura ed. Nairn[1], CR 18 (1904) 263 – 269. 308 – 316
— [10], JPhil. 31 (1910) 1
— [11], Encyclopedia Britannica, ed. 10ª, Lond. 1902, s. v. H.
— [12], editio, Cambr. 1922
Hense, O.[1], Batrachos, Battaros, Jb. f. Phil. 145 (1892) 265 – 267
— [2], Ein Vorbild des H., Rh. Mus. 50 (1895) 140 – 141
— [3], Zum 2. Mimiamb des H., Rh. Mus. 55 (1900) 222 – 231
Herrle, Th., censura ed. Herzog[12], Lit. Zentralbl. 1926, 1065
Hertling, C., Quaestiones Mimicae. I De H. carminibus, Straßburg 1899. censurae:
  Herzog[7], Häberlin[1]
Herwerden, H. van[1], censura ed. Rutherford, BphW 11 (1891) 1218 – 1220. 1248 –
  1252
— [2], editio, Mnem. 20 (1892) 41 – 97
— [3], Ad H. a me editum, Mnem. 20 (1892) 200 – 201
— [4], Emendatur H. vii. 78, Mnem. 23 (1895) 123
Herzog, R.[1], censura uers. Ristelhuber, BphW 14 (1894) 1476 – 1480
— [2], Zu ΠΕΛΑΝΟΣ, Herm. 29 (1894) 625 – 626
— [3], Koios und Kos, Herm. 30 (1895) 154 – 155
— [4], Philol. 56 (1897) 66. 69
— [5], censura lib. Olschewsky, BphW 18 (1898) 1249 – 1253
— [6], Koische Forschungen und Funde, Leipz. 1899
— [7], censura lib. Hertling, BphW 20 (1900) 929 – 932
— [8], Das Kind mit der Fuchsgans, JOAI 6 (1903) 215 – 236
— [9], Aus dem Asklepieion von Kos, ARW 10 (1907) 201 – 228
— [10], Der Traum des H., Philol. 79 (1924) 387 – 433. censurae: Ruppert, Rupprecht,
  Sitzler[16]
— [11], censura edd. et uers. Terzaghi[2,3], Headlam[12] et Groeneboom[5], PhW 46 (1926)
  193 – 211
— [12], editio, Leipz. 1926
— [13], Herondaea, Philol. 82 (1927) 27 – 66. censurae: Maas[1], Woodhead[2]
Hicks, E. L., Emendations of H., CR 5 (1891) 350 – 358
Hombert, M.[1], censura ed. Puccioni[5], AC 20 (1951) 473
— [2], censura lib. Merone, AC 23 (1954) 470
Hošek, R., censura ed. Headlam[12] (nou. impr.), LF 90 (1967) 436
Housman, A. E., H. ii. 65 – 71, CR 36 (1922) 109 – 110
Huemer, A.[1], Zu Διδάσκαλος v. 60f., ZöG 1899, 585 – 586
— [2], Gibt es einen Vers μιμίαμβος?, WS 26 (1904) 33 – 42
Hundt, E., editio, Paderborn 1935
Hunger, H., censura ed. Puccioni[5], Anz. f. d. Alt.wiss. 6 (1953) 72 – 73
Hylen, J. E., In H. mimiambum quartum, Nord. Tidsskr. f. Filol. s. 3 3 (1894/5)
  17 – 25
Immisch, O.[1], Ein classischer Findling aus Aegypten, Bl. f. lit. Unterh. 1892, 97 –
  99
— [2], censura uers. Crusius[14] et Mekler[2], BphW 15 (1895) 129 – 138
— [3], Παιδίσκος, Glotta 2 (1909/10) 218 – 219
Italie, G., censura ed. Groeneboom[5], Museum 30 (1923) 257
Jackson, H.[1], Emendations of H., CR 5 (1891) 358 – 360

CONSPECTVS LIBRORVM

Jackson, H.[2], On the seventh mime of H., PCPS 1891, 22
— [3], H., CR 6 (1892) 4 – 8
James, A. W., censura lib. V. Schmidt[1], JHS 92 (1972) 202
Jevons, F. B.[1], Academy 1891, n. 1015 p. 336 – 337; n. 1017 p. 384
— [2], H. ii. 75, CR 7 (1893) 203
Johnson, H. H., On H. and Horace, CR 21 (1907) 233
Kaibel, G.[1], editio mim. 4 et 6, Herm. 26 (1891) 580 – 592
— [2], Sententiarum liber sextus. VIII, Herm. 28 (1893) 56 – 57
Kalinka, E., Aus der Werkstatt des Hörsaals, SBWien 197, 6 (1922) 3 – 10
Kenyon, F. G.[1], editio, Lond. 1891
— [2], Academy 1891, n. 1017 p. 384 et CR 5 (1891) 482 – 483 (multa quae hic publici
   iuris fecit iam in epistolis ad F. Bücheler missis, nunc in Bibl. Britann., Addit.
   MS. 62551 V seruatis, exposuerat)
— [3], Additional Fragments of H., CR 5 (1891) 480 – 482 = Nouveaux fragments
   d'H., RPh 15 (1891) 162 – 167
— [4], Academy 1892, n. 1031 p. 134
— [5], Academy 1895, n. 1221 p. 252
— [6], Some New Fragments of H., APF 1 (1901) 379 – 387
Kern, O., Noch einmal Karkinos, ARW 20 (1920/1) 23 – 26
Kessels, A. H. M., censura lib. Mastromarco[2], Mnem. s. 4 35 (1982) 176 – 179
Killeen, J. F., H. ii. 12 ff. (Headlam), JHS 91 (1971) 139 – 140
Knack, G., Zu H., Philol. 53 (1894) 755 – 756
Knapp, C., censura ed. Knox[11], CW 24 (1930/1) 10
Knox, A. D.[1], editio Headlam – Knox, Cambr. 1922
— [2], The First Greek Anthologist, Cambr. 1923
— [3], The Dream of H., CR 39 (1925) 13 – 15
— [4], H. and Callimachus, Philol. 81 (1926) 241 – 255
— [5], H., PhW 46 (1926) 77 – 78
— [6], censura ed. Terzaghi[2], CR 40 (1926) 68 – 69
— [7], censura ed. Herzog[12], JEA 13 (1927) 131
— [8], H. ii. 6 – 8, CR 42 (1928) 163 – 165
— [9], Two Notes on H., CR 43 (1929) 8 – 10
— [10], censura ed. Nairn[4], CR 43 (1929) 24 – 25
— [11], editio, Lond. 1929
Koniaris, G. L., censura ed. Cunningham[5], CW 66 (1972/3) 298
Krakert, H., H. in mimiambis quatenus comoediam graecam respexisse uideatur,
   Diss. Freiburg, Leipz. 1902. censura: Wörpel
Kuijper, D., Ubi mures ferrum rodunt, Mnem. s. 4 18 (1965) 64 – 71
Kynaston, H., Theocritus and H., CR 6 (1892) 85 – 86
Laloy, L., uers. in ed. Nairn – Laloy, Paris 1928
Lasserre, F.[1], censura ed. Headlam[12] (nou. impr.), AC 36 (1967) 278
— [2], censura ed. Cunningham[5], Erasmus 24 (1972) 365 – 367
Lawall, G.[1], censura lib. V. Schmidt[1], CW 63 (1969/70) 235
— [2], censura ed. Cunningham[5], AmCR 2 (1972) 179
— [3], H. 6 and 7 reconsidered, CPh 71 (1976) 165 – 169
Leeuwen, J. van[1], Excursus ad mimum vi, Mnem. 20 (1892) 97 – 100
— [2], Ad H., Mnem. 25 (1897) 450
Legrand, Ph. E., A quelle espèce de publicité H. destinait-il ses Mimes?, REA 4
   (1902) 5 – 35
Lehmann, K., The Girl beneath the Apple Tree, AJA 49 (1945) 430 – 433
Leone, A.[1], E. vi, Paideia (Arona) 6 (1951) 301 – 302
— [2], Altre note a E., Paideia (Arona) 10 (1955) 312 – 315
Levin, D. N.[1], censura ed. Cunningham[5], AJP 95 (1974) 403
— [2], Specimens from H.' Zoo, Živa Antika 26 (1976) 57 – 62
— [3], An Herodean Diptych, Živa Antika 26 (1976) 345 – 355

2*   XIX

Longo, V., censura ed. Cataudella[1], Antiqu. 2−5 (1947/50) 235−237
Lord, L. E., censura ed. Headlam[12], CJ 19 (1923) 118−119
Ludwich, A.[1], Die Betonung des Hinkiambus, BphW 12 (1892) 642−644
−[2], censura ed. Bücheler[2], BphW 12 (1892) 1323−1327
−[3], Zum vi. Mimus des H., BphW 22 (1902) 575−576
−[4], Zum vii. Mimus des H., BphW 22 (1902) 635−638
−[5], Zum i. Mimus des H., BphW 22 (1902) 860−862
−[6], Über zwei Scholien zu H., Ind. lect. Königsberg 1902/3, 1−3
Lumbroso, J.[1], Lettere, n. 3, APF 2 (1903) 85−86
−[2], Lettere, n. 35, APF 4 (1907/8) 319−320
Luria, S., H.' Kampf für die veristische Kunst, Misc. di studi Aless. in mem. di
    A. Rostagni, Torino 1963, 394−415
Maas, P.[1], censura ed. et comm. Herzog[12,13], DLZ 47 (1926) 2226
−[2], censura ed. Knox[11], DLZ 50 (1929) 1864−1868
Maass, E., censura comm. Witkowski, DLZ 14 (1893) 1192−1193
Mackay, K. J., censura lib. V. Schmidt[1], Mnem. s. 4 31 (1978) 98
Marcantoni, J. D., A Note on the Third Satire of Persius, Mnem. s. 3 6 (1938)
    152
Marcovich, M., Nochmals zu H. III. 50−52, Philol. 110 (1966) 137−138
Marshall, J., Academy 1891, n. 1021 p. 482
Marzullo, B., H. i. 26−35, Maia 6 (1953) 52−67
Massa Positano, L., editiones mim. 1−4, Napoli 1970−1973
Masson, O.[1], censura ed. Puccioni[5], REG 65 (1952) 256
−[2], censura lib. Bo, REG 76 (1963) 495−497
−[3], En marge du mime II d'H.: Les surnoms ioniens $BATTAPO\Sigma$ et $BATTAPA\Sigma$,
    REG 83 (1970) 356−361
−[4], relatio seminarii de H. 2, AEHE iv^e sect., 1970/1, 213−219
−[5], relatio seminarii de H. 4, AEHE iv^e sect., 1971/2, 193−200
−[6], relatio seminarii de H. 3, AEHE iv^e sect., 1972/3, 227−231
−[7], censura lib. V. Schmidt[1] et ed. Cunningham[5], REG 87 (1974) 81−91
Mastromarco, G.[1], Nota al mimo sesto di E., AFLB 19−20 (1976/7) 101−103
−[2], Il pubblico di E., Padova 1979. censurae: Arnott[3], Carilli, Cunningham[6],
    Kessels, Monteil, Parsons, Puelma, Straus
−[3], The Public of H., Amsterdam 1984
Mazon, P., Notes sur H., RPh s. 3 2 (1928) 101−105
Meerwaldt, J. D., Adnotationes criticae et exegeticae, Mnem. 53 (1925) 396−
    405
Meier, R., Zur Form des Grusses im Gebet H. iv, Philol. 66 (1907) 156−159
Meister, R.[1], Die Mimiamben des H., Die Grenzboten 50, 4 (1891) 468−474
−[2], censura ed. Crusius[7], Lit. Zentralbl. 1892, 1331−1334
−[3], BphW 12 (1892) 1663
−[4], editio, Leipz. 1893
−[5], Festschr. f. J. Overbeck, Leipz. 1893, 109−115
−[6], censura uers. Crusius[14], Lit. Zentralbl. 1894, 122
−[7], censura ed. Crusius[17], Lit. Zentralbl. 1894, 926−929
−[8], censura ed. Nairn[1], BphW 24 (1904) 801−805
Mekler, S.[1], Neues von den Alten, Progr. d. Komm.-Obergymn. im 19. Bezirk, Wien
    1892. censurae: Sitzler[2], Stadtmüller[3]
−[2], uersio, Wien 1894. censurae: Immisch[2], Sitzler[5], Spiro[3]
Melero, A., Consideraciones en torno a los Mimiambos de H., Cuad. Fil. Cl. 7 (1974)
    303−316
Merone, E., I diminutivi in E., Napoli 1953. censurae: Ernout, Hombert[2]
Mervyn Jones, D., censura ed. Puccioni[5], CR n. s. 2 (1952) 156−157
Mesk, J., H. iv. 75f., Philol. 92 (1937) 469−470
Meunier, J., censura ed. Nairn[4], Bull. bibl. du Mus. Belge 33 (1929) 40−42

Michel, A., censura lib. et ed. Crusius[6,7], REG 5 (1892) 459−460
Michel, C., Rev. d'hist. et de lit. rel. n. s. 1 (1910) 60−64
Miralles, C.[1], censura ed. Headlam[12] (nou. impr.), Stud. Pap. 7 (1968) 73
− [2], Consideraciones acerca de la cronología y de la posíbile localización geográfica de algunos mimiambos de H., Emerita 37 (1969) 353−365
− [3], editio, Barcelona 1970
− [4], censura lib. V. Schmidt[1], BIEH 4 (1970) 55−56
− [5], censura ed. Cunningham[5], Emerita 42 (1974) 182−185
Mogensen, E.[1], A Note on ἀράσσει in H. I 1, Herm. 104 (1976) 498−499
− [2], H. III Revisited, Didaskalos 5 (1977) 395−398
Monteil, P., censura lib. Mastromarco[2], RPh s. 3 54 (1980) 166−167
Müller, J., censura edd. Kenyon[1] et Rutherford, RFIC 20 (1892) 337−347
Murray, A. S., H. iv, CR 5 (1891) 389
Murray, G., censura edd. Headlam[12] et Groeneboom[5], CR 37 (1923) 38−40
My[1], censura uers. Setti, Rev. cr. 36 (1893) 245−246
− [2], censura comm. Wright, Rev. cr. 36 (1893) 502−503
Nairn, J. A.[1], editio, Oxford 1904
− [2], censura uers. ab H. Sharpley factae (Lond. 1906), CR 20 (1906) 314
− [3], censura ed. Herzog[12], CR 41 (1927) 21
− [4], editio Nairn−Laloy, Paris 1928
Navarre, O., censura ed. Nairn[4], REA 32 (1930) 38−40
Neil, R. A., censura edd. et lib. Kenyon[1], Rutherford, Bücheler[2], Crusius[6,7], CR 7 (1893) 314−318
Nencini, F., Ad E. iv. 75, RFIC 44 (1916) 406−408
Newman, W. L., H. v. 77, v. 80, CR 6 (1892) 181
Nicholson, E. W. B., Academy 1891, n. 1012 p. 265−266; n. 1013 p. 286−287; n. 1014 p. 313; n. 1016 p. 360−361; n. 1017 p. 385. censurae: Crusius[4], Sitzler[1]
Oka, M., censura lib. V. Schmidt[1], JCS 18 (1970) 116
Oldfather, W. A., censura ed. Crusius[24], AJP 36 (1915) 463
Olschewsky, S., La langue et la métrique d'H., Leyden 1897. censura: Herzog[5]
Ooteghen, J. J. van, editio mim. 3, LEC 22 (1954) 199−211
Pace, B., Mimo e attore mimico, Dioniso 3 (1932) 162−172
Pallis, A., Notes on H., CQ 10 (1916) 231
Palm, J., censura lib. V. Schmidt[1], Gnom. 43 (1971) 449−454
Palmer, A.[1], Academy 1891, n. 1012 p. 266; n. 1016 p. 362; n. 1018 p. 408; n. 1019 p. 433; n. 1023 p. 538; n. 1024 p. 563
− [2], Academy 1892, n. 1028 p. 64; n. 1029 p. 88; n. 1030 p. 112
− [3], Emendations and Notes on H., Hermath. 18 (1892) 236−260
Παπαβασιλείου, Γ. Α., Κριτικὰ καὶ ἑρμηνευτικὰ εἰς τοὺς Ἥ. μιμιάμβους, Ἀθηνᾶ 5 (1893) 371−376
Παπαδημητρίου, I. Θ., Ἀρχαῖον ἑλληνικὸν μυθογραφικὸν θέμα καὶ οἱ μῦθοι τοῦ Βατ. κώδ. 1139, Ἔπετ. ἑταιρ. Βυζ. σπουδ. 36 (1968) 241−266
Παπανικολάου, A., censura lib. V. Schmidt[1], Πλάτων 21 (1969) 371−374
Παπαχαρίση, A. X., Ἀντίστοιχοι πρὸς ἀρχαίας νεοελληνικαὶ ἐκφράσεις, Πλάτων 15 (1963) 279−284
Parsons, P. J., censura lib. Mastromarco[2], CR n. s. 31 (1981) 110
Pasquali, G., Se i Mimiambi di E. fossero destinati alla recitazione, Xenia Romana, Roma 1907, 15−27 (non uidi)
Paton, W. R., Notes on H. iv, CR 5 (1891) 483
Pearson, A. C., Notes on H., CR 5 (1891) 483−484
Pepe, L., censura ed. Cataudella[1], GIF 2 (1949) 274−275
Perdrizet, P., Ὑγία, ζωή, χαρά, REG 27 (1914) 266
Piccolomini, E., Ad ... H. animaduersiones criticae, RFIC 20 (1892) 461−464
Pieraccioni, D., censura ed. Puccioni[5], GIF 5 (1952) 73−80
Pinto, M., censura ed. et uers. Terzaghi[2,3], RIGI 10 (1926) 163−165

CONSPECTVS LIBRORVM

Pisani, V.[1], Glosse a E., Paideia (Arona) 7 (1952) 89−94
−[2], Ἑλληνικαὶ γλῶσσαι. 4. κιχλίζω, Scr. in on. di G. Bonfante, Brescia 1975, 2, 707−708
Powell, J. U., H. iii. 30f., CR 22 (1908) 216
Preisendanz, K.[1], censura ed. Crusius[24], BphW 36 (1916) 651
−[2], censura ed. Herzog[12], PhW 48 (1928) 33−35
Priewasser, P., Die Präpositionen bei Kallimachos und H., Progr. Halle 1903/4
Puccioni, G.[1], E. vi. 65, SIFC 24 (1949) 231−233
−[2], Due note a E., Ann. sc. norm. sup. Pisa 19 (1950) 50−52
−[3], E. i. 46, v. 33, vi. 11, vii. 3, Maia 3 (1950) 297−299
−[4], censura ed. Cataudella[1], Ann. sc. norm. sup. Pisa 19 (1950) 208−212
−[5], editio, Firenze 1950
−[6], censura ed. Massa Positano (1), GIF 23 (1971) 222−225
−[7], censura ed. Cunningham[5], A&R 19 (1974) 194−195
Puech, A., Les dernières découvertes de textes grecs inédits: un mime d'H., Acad. de Montpellier, Rentrée solonn. des Fac. 1893, 25sqq.
Puelma, M., censura lib. Mastromarco[2], M. Helv. 39 (1982) 323
Purton, W. T., Academy 1891, n. 1024 p. 563
Quillard, P., uersio, Paris 1900. censura: Reinach[5]
Radermacher, L.[1], Ein metrisches Gesetz bei Babrios und andern Jambendichtern, Philol. 55 (1896) 433−436
−[2], BAYBΩ, Rh. Mus. 59 (1904) 311−313
−[3], Der Lehrer des H., Wien. Ztschr. f. Volksk. 30 (1925) 33−40
Ragon, E., editio mim. 3 et 4, Paris 1898
Rees, B. R., censura ed. Cunningham[5], G&R 19 (1972) 98
Reinach, Th.[1], H. le mimographe, REG 4 (1891) 209−232
−[2], censura uers. Dalmeyda[1], REG 6 (1893) 308−310
−[3], censura uers. Boisacq et Ristelhuber, REG 7 (1894) 102−103
−[4], censura ed. Ragon, REG 12 (1899) 138
−[5], censura uers. Quillard, REG 14 (1901) 323
−[6], censura ed. Nairn[1], REG 17 (1904) 285
−[7], Notes de métrologie ptolémaïque, REG 19 (1906) 389−393
−[8], La date du mime ii, Mél. Havet, Paris 1909, 451−456
Renauld, censura ed. Nairn[4], Rev. univ. 2 (1930) 56
Ribbeck, O., Zu H., Rh. Mus. 47 (1892) 628−629
Ribezzo, F., A E. Mimiambi iv. 94−5, RIGI 10 (1926) 14
Richards, G. C., The Mimiambi of H., New Chapters in Greek Literature, ed. J. U. Powell et E. A. Barber, Oxford 1921, 112−120
Richards, H.[1], Academy 1891, n. 1014 p. 313−314; n. 1016 p. 361−362
−[2], Notes on H., CR 6 (1892) 146−147
Ristelhuber, P., uersio, Paris 1893. censurae: Herzog[1], Reinach[3]
Rodríguez, I., censura ed. Cataudella[1], Helmant. 1 (1950) 121
Rolley, C., censura ed. Headlam[12] (nou. impr.), REG 80 (1967) 606−609
Rose, H. J., Quaestiones Herondeae, CQ 17 (1923) 32−34
Rosenblaum, M., Juvenile Delinquency: Two Addenda, CW 43 (1949/50) 244
Ruppert, H., censura comm. Herzog[10], Lit. Zentralbl. 1924, 901
Rupprecht, K., censura comm. Herzog[10], Bl. f. d. Gymn. 61 (1925) 44 (non uidi)
Rutherford, W. G., editio, Lond. 1891
Σβόρωνος, Ι. Ν., Ἐφ. ἀρχ. 1909, 133−178
Schmid, W., in W. von Christ−W. Schmid−O. Stählin, Geschichte der griechischen Literatur, 6. Aufl., 2, 1, München 1920, 198−200
Schmidt, J., Ion. γλάσσα und die flexion der idg. ia-stämme, KZ n. s. 13 (1894) 453−455
Schmidt, V.[1], Sprachliche Untersuchungen zu H., Berlin 1968. censurae: Barcenilla, Cataudella[6], Cunningham[4], D'Agostino[2], Forssmann, Happ, James, La-

wall[1], Mackay, Masson[7], Miralles[4], Oka, Palm, Παπανικολάου, Schwartz, Vaio, Wankenne
Schmidt, V.[2], H. und das Problem der Etymologie von ΠΡΟΥΝ(Ε)ΙΚΟΣ, ZPE 37, 1980, 161−167
Schneider, R., Zu den Mimiamben des H., Jb. f. Phil. 145 (1892) 108−112
Schulze, J. F.[1], Zu H. Mimus V, W. Z. Halle 31 (1982) 127−134
−[2], Bemerkungen zu den Sklaven bei H., W. Z. Halle 32 (1983) 103−110
Schulze, W.[1], Zu H., Rh. Mus. 48 (1893) 248−257 (= Kl. Schr., Göttingen 1934, 414−422)
−[2], censura ed. Meister[4], BphW 15 (1895) 1−10 (= Kl. Schr. 675−682)
Schwartz, J., censura lib. V. Schmidt[1], AC 42 (1973) 245
Scivoletto, N., censura lib. Bo, GIF 17 (1964) 76−77
Setti, G., uersio, Modena 1893. censurae: My[1], Sitzler[3], Stadtmüller[3]
Sewter, E. R. A., censura ed. Headlam[12] (nou. impr.), G&R 14 (1967) 95
Shadwell, L. L., Academy 1891, n. 1016 p. 362
Sitzler, J.[1], censura ed. Rutherford et comm. Nicholson, N. phil. Rund. 1892, 387−388
−[2], censura lib. Mekler[1], N. phil. Rund. 1894, 88−90
−[3], censura uers. Crusius[14] et Setti, N. phil. Rund. 1894, 145−150
−[4], bibl. anni 1891, Burs. Jb. 75 (1894) 157−200
−[5], censura uers. Mekler[2], N. phil. Rund. 1895, 114
−[6], censura ed. Crusius[17], N. phil. Rund. 1896, 161−166
−[7], bibl. ann. 1892−1894, Burs. Jb. 92 (1898) 52−104
−[8], bibl. ann. 1895−1898, Burs. Jb. 104 (1900) 102−104
−[9], bibl. ann. 1898−1905, Burs. Jb. 133 (1907) 152−159
−[10], censura lib. Vogliano[1,2], WKP 25 (1908) 171−174
−[11], Die Lebenszeit des H., WKP 28 (1911) 108−111
−[12], censura ed. Crusius[24], WKP 33 (1916) 653
−[13], bibl. ann. 1905−1917, Burs. Jb. 174 (1919) 80−89
−[14], PhW 41 (1921) 1055
−[15], bibl. ann. 1917−1920, Burs. Jb. 191 (1922) 46
−[16], censura comm. Herzog[10], PhW 47 (1927) 35−40
Skutsch, F., Der jüngere Plinius und H., Herm. 27 (1892) 317−318
Smotrytsch (Smotryč), A. P.[1], Ο ΚΑΛΟΣ ΝΕΑΝΙΑΣ ΚΑΙ ΑΙΠΟΛΟΙ, Helikon 1 (1961) 118−126
−[2], G. i Ptolemej II Filadelf, Vestnik Drevnej Istorii 79 (1962) 132−136 (epitome in BCO 8 [1963] 225)
−[3], E. e il vecchio, Helikon 2 (1962) 605−614
−[4], H. III 50−52, Philol. 107 (1963) 315−316
−[5], Leonidas z Tarentu i jego miejsce w życiu literackim III w. p. n. e., Meander 20 (1965) 321−327
−[6], Izobraženie ljudei ellinističeskogo obščestva v Mimiambach G., Diss. Kiev 1966 (non uidi; epitome in BCO 11 [1966] 323−335)
−[7], Die Vorgänger des H., A. Ant. Hung. 14 (1966) 61−75
−[8], Jazyk kak sredstvo charakteristiki personažej v mimiambach G., Voprosy ant. lit. i klass. filol., Mosk. 1966, 206−242
Snell, B., censura ed. Knox[11], Gnom. 9 (1933) 522
Sonnenburg, P. E., Aus dem antiken Schulleben, Das Human. Gymn. 20 (1909) 197−206
Sonny, A., Ad H., Filol. Obosr. 8 (1894) 108 (non uidi)
Specchia, O.[1], A proposito di E. i. 8, GIF 5 (1952) 145−148
−[2], E. i. 55, GIF 10 (1957) 43−44
−[3], Tracce dei mimi di E. nell'Apokolokyntosis di Seneca, Liceo ginnasio statale G. Palmieri, Lecce, Annuario 1958/9, 45−50 (non uidi)
−[4], Il primo Mimiambo di E., Quad. del Liceo Capece 1 (1960) 39−48 (non uidi)

Specchia, O.[5], Preghiera, sacrificio ed offerta votiva nel IV Mimiambo di E., Quad. del Liceo Capece 2 (1961) 83–90 (non uidi)
−[6], E. Il Maestro, Riv. st. cl. 10 (1962) 259–264
−[7], Gli studi su E. nell'ultimo trentennio, C&S 70 (1979) 32–43
Spiro, F.[1], censura ed. Bücheler[2], WKP 9 (1892) 402–406
−[2], censura lib. et ed. Crusius[6,7], WKP 9 (1892) 1255–1257
−[3], censura uers. Crusius[14] et Mekler[2], WKP 11 (1894) 876–881
−[4], censura ed. Crusius[19], WKP 18 (1901) 1081–1084
Stadtmüller, H.[1], censura edd. Kenyon[1] et Rutherford, BphW 12 (1892) 485–491
−[2], censura lib. et ed. Crusius[6,7], BphW 13 (1893) 421–425. 453–455
−[3], censura lib. Mekler[1] et uers. Setti, BphW 13 (1893) 869–874
−[4], censura uers. Dalmeyda[1], BphW 13 (1893) 1571–1576
−[5], Zu H. und der H.ausgabe von O. Crusius, Bl. f. d. Gymn. schulw. 29 (1893) 205–209
−[6], Zu H. und der neuen H.ausgabe von Crusius, Bl. f. d. Gymn. schulw. 30 (1894) 456–460
−[7], censura ed. Crusius[17], BphW 14 (1894) 1446–1451
Starkie, W. J. M., H. iv. 45–47, Hermath. 24 (1898) 247–248
Steffen, V., De Somnio H., Pozn. Towar. Przyj. Nauk, Prac. Kom. Fil. 11 (1948) 63–82 (epitome in REG 62 [1949] 384)
Stephanopoulos, Th. K., Zu H. VII 122–3, ZPE 54 (1984) 20
Stern, J.[1], H.' Mimiamb 6, GRBS 20 (1979) 247–254
−[2], H. Mimiamb 5, CPh 76 (1981) 207–211
−[3], H. Mimiamb 1, GRBS 22 (1981) 161–165
Straus, J. A., censura lib. Mastromarco[2], AC 49 (1980) 341
Świderek, A., Le mime Grec en Egypte, Eos 47 (1954/5) 63–74
Taccone, A.[1], censura lib. Vogliano[1], BFC 14 (1908) 54–57
−[2], censura ed. Headlam[12], BFC 29 (1923) 149
−[3], censura ed. et uers. Terzaghi[2,3], BFC 32 (1926) 193–195
−[4], censura ed. Nairn[4], BFC 36 (1930) 247
Terzaghi, N.[1], E. Mim. vii. 66 e iv. 94s., BFC 28 (1921/2) 59–61
−[2], editio, Torino 1925
−[3], uersio, Torino 1925. censurae: Herzog[11], Pinto, Taccone[3]
−[4], La recitibilità dei Mimi di E., Aeg. 6 (1925) 114–116
Traversa, A., censura ed. Puccioni[5], Paideia (Arona) 7 (1952) 112–113
Treu, U., H. 3, 24–26 und die Schulpraxis, QUCC n. s. 8 (1981) 113–116
Trypanis, C. A., censura ed. Puccioni[5], JHS 74 (1954) 203
Tucker, T. G., Academy 1892, n. 1028 p. 64; n. 1029 p. 88
Tyler, T., Academy 1891, n. 1011 p. 242
Tyrrell, R. Y.[1], Academy 1891, n. 1017 p. 385
−[2], CR 6 (1892) 301
Ussher, R. G.[1], The Mimiamboi of H., Hermath. 129 (1980) 65–76
−[2], H. Mimiamboi 5. 1ff., LCM 9 (1984) 31
−[3], The Mimic Tradition of 'Character' in H., QUCC 21 (1985) 45–68
Vaio, J., censura lib. V. Schmidt[1], CPh 68 (1973) 310
Valmaggi, L., De casuum syntaxi apud H., RFIC 26 (1898) 37–54
Vellay, C., censura ed. Nairn[4], Acrop. 4 (1929) 223–224
Veneroni, B.[1], Ricerche su due mimiambi di E. [8, 2], RIL 105 (1971) 223–242
−[2], Divagazioni sul V Mimiambo di E., REG 85 (1972) 319–330
−[3], Allacciamenti tematici tra la commedia greco-latina ed il mimo di E., RIL 107 (1973) 760–772
Verdenius, W. J.[1], H. iv. 54, Mnem. s. 4 6 (1953) 139
−[2], censura ed. Cunningham[5], Mnem. s. 4 26 (1973) 303–306

Vince, J. H., Academy 1891, n. 1024 p. 563
Vogliano, A.[1], Ricerche sopra l'ottavo mimiambo di E. con un excurso (iv. 93 – 5), Milano 1906. censurae: Sitzler[10], Taccone[1], Waltz, Zielinski[2]
— [2], Excursus H. viii. 76 – 79, Milano 1907. censura: Sitzler[10]
— [3], Nuovi studi sui Mimiambi di H., RFIC n. s. 3 (1925) 395 – 412
— [4], Ancora l'viii Mimiambo di H., RFIC n. s. 5 (1927) 71 – 78
— [5], censura ed. Herzog[12], RFIC n. s. 5 (1927) 270
— [6], censura ed. Nairn[4], RFIC n. s. 7 (1929) 564 – 566
Vollgraff, W., ΠΥΡΑΣΤΡΟΝ, Mnem. 55 (1927) 104 – 108
Vreecken, W. A. C., Ad H. Mim. iv. 69 – 71, Mnem. 57 (1929) 191 – 192
Waldstein, C.. H. iv, CR 6 (1892) 135 – 136
Walker, R. J.[1], H. Col. XI ll. 11 – 12, CR 6 (1892) 262 – 263
— [2], Academy 1895, n. 1220 p. 228
— [3], Ἀντὶ μιᾶς, Lond. 1910, 2, 378 – 383
Waltz, P., censura lib. Vogliano[1], REA 9 (1907) 97
Wankenne, A., censura lib. V. Schmidt[1], LEC 38 (1970) 383
Warren, S. I., Herondae παροιμία, Syll. comm. quam . . . C. Conto obtulerunt phil. Bat., Lugd. Bat. 1893, 143 – 147
Weil, H.[1], censura edd. Kenyon[1] et Rutherford, J. des Sav. 1891, 655 – 673
— [2], censura ed. Bücheler[2], J. des Sav. 1892, 516 – 521
— [3], censura lib. et ed. Crusius[6,7], J. des Sav. 1893, 18 – 25
— [4], J. des Sav. 1901, 745 – 747
Wendling, E., H. iii. 75f., Philol. 51 (1892) 177 – 180
Werner, J., Quaestiones Babrianae, diss. Berlin 1891, 26 – 27
West, M. L., Conjectures on 46 Greek Poets, no. 40, Philol. 110 (1966) 160
Weymann, C., Zu H. v. 14f., Philol. 54 (1895) 184 – 185
Will, F., H., New York 1973
Williams, F., censura ed. Cunningham[5], JHS 92 (1972) 201 – 202
Winbolt, S. E., Academy 1891, n. 1018 p. 408 – 409
Witkowski, S., Observationes metricae ad H., Analecta Graeco-Latina, Kraków 1893, 1 – 13. censura: Maass
Wörpel, G., censura lib. Krakert, WKP 20 (1903) 736 – 738
Woodhead, W. D.[1], censura ed. Headlam[12], CPh 18 (1923) 77 – 79
— [2], censura ed. et comm. Herzog[12,13], CPh 22 (1927) 326 – 327
Wright, J. H., Herondaea, Harv. St. 4 (1893) 169 – 200. censurae: Crusius[15], My[2]
Wünsch, R., Ein Dankopfer an Asklepios, ARW 7 (1904) 95 – 116
Zanei, J., De H. mimorum scriptore nuper in lucem restituto, Torino 1894
Zielinski, Th.[1], Russk. filol. vestnik 2, 117 – 150 (non uidi)
— [2], censura ed. Crusius[21] et lib. Vogliano[1], BphW 27 (1907) 865 – 868

CONSPECTVS SIGLORVM ET NOTARVM

Lectiones ad quas nullum siglum apponitur sunt papyri Londiniensis. correctiones, nisi aliter notatur, scribae ipsi debentur, siue dum scribit factae siue postea.

m. alt.	= manus altera correctrix, aetate fere aequalis, alio exemplari usa
m. rec.	= manus recentiores
O	= papyrus Oxyrhynchica
... et $\alpha\beta\gamma$	= punctis notantur litterae quae in papyro detrimentum aliquod acceperunt
( )	= uncis rotundis includuntur et litterae quae in papyro compendiose scribuntur et nomina personarum quae paragrapho indicantur
[ ]	= uncis quadratis includuntur et litterae quae in papyro omnino legi nequeunt et nomina personarum ubi paragraphus si scripta fuerit nunc uideri nequit; semiuncis ⌊ ⌋ quae e testimoniis supplentur
⟨ ⟩	= uncis angularibus includuntur litterae et nomina quae coniectura insertae sunt
+	= in apparatu altero indicatur spatium uacuum in papyro relictum

Supplementa minora non aliter attributa fecit Kenyon; personarum nomina non aliter notata addidit Rutherford.

Testimonia:

Ath.	= Athenaeus, Dipnosophistae (ed. G. Kaibel, Lips. 1887−1890)
EM	= Etymologicum Magnum (ed. T. Gaisford, Oxon. 1848)
Eust.	= Eustathius, Commentarii ad Homerum (ed. G. Stallbaum, Lips. 1825−1830)
sch. Nic.	= scholia in Nicandri Theriaca (ed. A. Crugnola, Mediol. 1971)
Stob.	= Stobaeus, Anthologium (ed. C. Wachsmuth et O. Hense, Berol. 1884−1912)
Zen.	= Zenobius (ed. E. L. von Leutsch et F. G. Schneidewin, Corpus Paroemiographorum Graecorum, vol. 1, Gott. 1839)

Nomina horum uirorum doctorum quae frequentius citanda erant sic compendiis notantur: Bla(ss), Bue(cheler), Cru(sius), Cun(ningham), Dan(ielsson), Die(ls), Edm(onds), Ell(is), Groe(neboom), Hea(dlam), Herw(erden), Herz(og), Kai(bel), Ken(yon), Mei(ster), Pal(mer), Rich(ards), Ruth(erford), Sta(dtmueller). Bla.[1], Bla.[2] et similia in conspectu librorum explicantur.

1. ΠΡΟΚΥΚΛΙ[Σ] Η ΜΑΣΤΡΟΠΟΣ

(ΜΗ.) Θ[ρέισ]σ᾽, ἀράσσει τὴν θύρην τις· οὐκ ὄψηι
      μ[ή] τ[ις] παρ᾽ ἡμέων ἐξ ἀγροικίης ἥκει;
(ΘΡ.) τίς τ[ὴν] θύρην;
⟨ΓΥ.⟩   ἐγῶδε.
⟨ΘΡ.⟩   τίς σύ; δειμαίνεις
      ἆσσον προσελθεῖν;
⟨ΓΥ.⟩   ἢν ἰδού, πάρειμ᾽ ἆσσον.
⟨ΘΡ.⟩ τίς δ᾽ εἰ⟨ς⟩ σύ;   5
⟨ΓΥ.⟩   Γυλλίς, ἡ Φιλαινίδος μήτηρ.
      ἄγγειλον ἔνδον Μητρίχηι παρεῦσάν με.
⟨ΘΡ.⟩ καλεῖ —
⟨ΜΗ.⟩   τίς ἐστιν;
⟨ΘΡ.⟩   Γυλλίς.
⟨ΜΗ.⟩   ἀμμίη Γυλλίς.
      στρέψον τι, δούλη. τίς σε μοῖρ᾽ ἔπεισ᾽ ἐλθεῖν,
      Γυλλίς, πρὸς ἡμέας; τί σὺ θεὸς πρὸς ἀνθρώπους;
      ἤδη γάρ εἰσι πέντε κου, δοκέω, μῆνες   10
      ἐξ εὖ σε, Γυλλίς, οὐδ᾽ ὄναρ, μὰ τὰς Μοίρας,
      πρὸς τὴν θύρην ἐλθοῦσαν εἰδέ τις ταύτην.

1 Metricham (cuius ancillae Threissae nomen est) uisitat lena Gyllis. scena: Metrichae domus, in urbe nescioqua extra Aegyptum

1 ϑ[ρεισ]σα | +αρασσι | +την | +τισ | οψι ‖ 2 ηκι ‖ 2/3 fort. paragr. ‖ 3 .+εγωδε·+τισσυ· | δειμαινισ ‖ 4 προσελϑιν | .+ην | +παριμ | ασσον· ‖ 5 δει (i. e. uel δ ει uel δε ι) | .+γυλλισ ‖ 6 αγγειλον, ε del. | μητριχηι ‖ 6/7 paragr. ‖ 7 καλι | +γυλλισ (pr.) ‖ 8 τι· | +τισ | επ+εισ | ελϑιν ‖ 9 +τι ‖ 11 +ουδ ‖ 12 ιδε ‖ 12/13 paragr.

1 ϑ[....]σα suppl. Ruth. Bue.¹ | ϑυραν, η sup. α | ὄψηι Herw.² οψι (ὄψει Ruth. Bue.¹ Bla.¹) ‖ 2 [.].[..] suppl. Bla.¹ | παρ᾽ ἡμέας Ruth. παροίμων Papabasileiou | αποικιησα, γρ sup. π ‖ 3 .[..] suppl. Bue.¹ Bla.¹ Hardie | ⟨ΓΥ.⟩ ἐγῶδε (= ἐγὼ ᾖδε). ⟨ΘΡ.⟩ Bla.¹ ‖ 5 εἰ⟨ς⟩ Ruth. (εἰ[ς] perperam Mei.⁴) | φιλαινιον, ι del. ut uid. ᾿νιδοσ᾿ in mg. m. alt. | 6 παρεῦσαν Bla.² παρουσαν ‖ 7 sic diuisit Dan. ΜΗ. κάλει. τίς ἐστιν; ⟨ΘΡ.⟩ ⟨ΓΥ.⟩ Hea.¹²) Γ., ἀ. Γ. Bla.² | ἀμμίη Ruth. Bue.¹ αμμια ‖ 8 τριδούλη van Leeuwen ap. Groe.⁵ ‖ 9 π[.]ρ, sscr. ροσ m. alt. (i. e. παρ᾽ in πρὸς corr.) | ϑεο....σ suppl. Ruth. ‖ 11 εὖ Cun.⁷ ου ‖ 12 ταυτησ, σ del. et ν sscr.

(*ΓΥ.*)   *μακρὴν ἀποικέω, τέκνον, ἐν δὲ τῆις λαύρηις*
    ὁ πηλὸς ἄχρις ἰγνύων προσέστηκεν,

15   *ἐγὼ δὲ δραίνω μυῖ᾽ ὅσον· τὸ γὰρ γῆρας*
col. 2   *ἡμέͺας καθέλκει κὴ σκιὴ παρέστηκεν.*

[*ΜΗ.*]   ...].ε καὶ μὴ τοῦ χρόνου καταψεύδεο·
      ......]. γάρ, Γυλλί, κἠτέρους ἄγχειν.

(*ΓΥ.*)   *σίλλ[α]ͺνε· ταῦτα τῆις νεωτέρηις ὕμιν*
20   *πρόσεστιν.*

⟨*ΜΗ.*⟩   *ἀλλ᾽ οὐ τοῦτο μή σε θερμήνηι.*

⟨*ΓΥ.*⟩   *ἀλλ᾽ ὦ τέκνον, κόσον τιν᾽ ἤδη χηραίνεις*
    χρόνον μόνη τρύχουσα τὴν μίαν κοίτην;
    ἐξ εὖ γὰρ εἰς Αἴγυπτον ἐστάλη Μάνδρις
    δέκ᾽ εἰσὶ μῆνες, κοὐδὲ γράμμα σοι πέμπει,
25   *ἀλλ᾽ ἐκλέλησται καὶ πέπωκεν ἐκ καινῆς.*
    κεῖ δ᾽ ἐστὶν οἶκος τῆς θεοῦ· τὰ γὰρ πάντα,
    ὅσσ᾽ ἔστι κου καὶ γίνετ᾽, ἔστ᾽ ἐν Αἰγύπτωι·
    πλοῦτος, παλαίστρη, δύναμις, εὐδίη, δόξα,
    θέαι, φιλόσοφοι, χρυσίον, νεηνίσκοι,
30   *θεῶν ἀδελφῶν τέμενος, ὁ βασιλεὺς χρηστός,*
    Μουσῆιον, οἶνος, ἀγαθὰ πάντ᾽ ὅσ᾽ ἂν χρήιζηι,
col. 3   *γυναῖκες, ὁκόσους οὐ μὰ τὴν Ἄιδεω Κούρην*
    ἀͺτέͺας ἐνεγκεῖν οὐραν[ὸ]ς κεκαύχηται,
    τὴν δ᾽ ὄψιν οἷαι πρὸς Πάριν κοτ᾽ ὥρμησαν
35   .].[.. κρ]ιθῆναι καλλονήν — λάθοιμ᾽ αὐτάς*

15−16 Stob. 4, 50 b, 52 (5, 1041 H.) (*ψόγος γήρως*) *Ἡρώδα* (M -δον A ex corr.) *μιμιάμβων*

13 +εν ‖ **15** ,+οσον ǀ +το ‖ **16** χη° et παρεστηκεν° ‖ **18** χητερουσ ǀ αγχιν ‖ 18/19 fort. paragr. ‖ **19** +ταυτα ǀ νεωτερησ, ι sup. η ǀ υμῖν ‖ **20** +αλλ ‖ **21** θερμηνη ‖ **23** μάνδρισ ‖ **25** καινησ, ·λ· sup. η et in mg. κυνησ, sscr. λικοσ m. rec. (h. e. gl. *κύλικος*; ad sigl. ·λ· uide Brinkmann²) ‖ **26** κῖ ‖ **28** +παλαιστρη+δυναμισ ǀ +δοξα ‖ **29** θέαι ǀ ν+εηνισκοι ‖ **31** / ad init. ǀ +οινοσ+αγα͞θ͞α ǀ πανθ ‖ **32** αδεω ‖ **34** κοθ ‖ **35** +λαθοιμ

13 *τῆις λαύρης* Ruth. *ταισλαυραισ* ‖ **15** *μυι, οσον* in mg. *μυσοσον* m. rec. *μυ(ι)οσων* Stob. ‖ **16** *χη* *κῆν* Stob. *καὶ* Valckenaer sed cf. Giangrande¹ 85 ǀ *παρεστήκη* Stob. ‖ **17** *σίγη*] *δὲ* (post Bue.¹) Cun.⁴ ǀ *καταψευδον, σο* sup. *ον* et tum ε sup. *σ* m. alt. ‖ **18** *οἴη τ᾽ ἔτ᾽*] (ε)*ῖ* (leg. *εἰ⟨ς⟩*) Tucker ‖ **19** interp. Hea.¹ Nicholson ‖ **20** ⟨*ΜΗ.*⟩, **21** ⟨*ΓΥ.*⟩ Hicks Cru.¹ sed haud certum ‖ **23** *εὖ* Cun.⁷ *ου* ‖ **25** *εκλελ ηται, σ* sup. *η* ‖ **28, 30−31** del. Maas ap. Vogliano³, 28−29 post 31 transp. Massa Positano ‖ **28** *πάλαιστραι* F. D.² ‖ **31** *αγα, θα* sscr. m. alt. ǀ *χρήιζη⟨ις⟩* Bue.¹ ‖ **32** *τὴν Δεωκούρην* Mei.² ‖ **34** ·*νδοψιν*, sscr. ._οδι.οσ_ m. alt. (i. e. *τὸ δ᾽* (ε)*ῖδος* Hea.³ quod certe *ἰωνικώτερον*) ‖ **35** *θεαὶ κρι*]*θῆναι* Bue.¹

2

1. ΠΡΟΚΥΚΛΙΣ Η ΜΑΣΤΡΟΠΟΣ

......].. κο[ί]ην οὖν τάλαιν[α] σὺ ψυχήν
ἔ]χρ[υσ]α θάλπεις τὸν δίφρον; κατ᾽ οὖν λήσεις
......] καί σευ τὸ ὥριον τέφρη κάψει.
....].νον ἄλληι κἠμέρας μετάλλαξον
τὸ]ν νοῦν δύ᾽ ἢ τρεῖς, κἰλαρὴ κατάστηθι   40
(.)....ις ἄλλον· νηῦς μιῆς ἐπ᾽ ἀγκύρης
οὐκ] ἀσφαλὴς ὁρμεῦσα· κεῖνος ἦν ἔλθηι
..........]..ν[.] μηδὲ εἷς ἀναστήσηι
ἠ]μέας ...τοδιψα δ᾽ ἄγριος χειμών
..[............].. κοὐδὲ εἷς οἶδεν   45
......]ν ἡμέων· ἄστατος γὰρ ἀνθρώποις
......]..η[.]ς. ἀλλὰ μήτις ἔστηκε
σύνεγγυς ἧμιν;   col. 4

⟨ΜΗ.⟩   οὐδὲ ε[ἷ]ς.

⟨ΓΥ.⟩   ἄκουσον δή
ἅ σοι χρε[ί]ζουσ᾽ ὧδ᾽ ἔβην ἀπαγγεῖλαι·
ὁ Ματαλίνης τῆς Παταικίου Γρύλλος,   50
ὁ πέντε νικέων ἆθλα, παῖς μὲν ἐν Πυθοῖ,
δὶς δ᾽ ἐν Κορίνθωι τοὺς ἴουλον ἀνθεῦντας,
ἄνδρας δὲ Πίσηι δὶς καθεῖλε πυκτεύσας,
πλουτέων τὸ καλόν, οὐδὲ κάρφος ἐκ τῆς γῆς
κινέων, ἄθικτος ἐς Κυθηρίην σφρηγίς,   55
ἰδών σε καθόδωι τῆς Μίσης ἐκύμηνε
τὰ σπλάγχν᾽ ἔρωτι καρδίην ἀνοιστρηθείς,
καί μευ οὔτε νυκτὸς οὔτ᾽ ἐπ᾽ ἡμέρην λείπει

37 +τον | +κατ | οὖ᾽ || **39** +αλλη | χημερας, ·κ· sup. χ m. alt. || **40** τρισ | χιλαρ.η | καταστηθ.ι || **41** +νηυσ || **43** +μηδε || **44** δε || **47** fort. / ad init. || **48** +ουδε | +ακουσον || **50** μᾱτᾱκ̍ίνησ || **54** +καλον || **55** +σφρηγισ || **56** μῑ᾽σησ || **57** +καρδιην || **58** εφ | λιπει

36 e. g. γρύξασ]α Hea.[12] || **37** .]..[..]. suppl. Ruth. Bue.[1] Bla.[1] | κατου, ̄ν sup. υ m. alt. | κατ᾽ οὖν .... Hea.[1] | κᾱ⟨ι⟩τ᾽ οὖ...; Rich.[1] || **38** γηρᾱσα] Ruth. Bla.[1] τὴν Κῆρα] Mei.[4] | ωριμον, · sup. μ || **39** πάπτη]νον Weil[2] || **40** .] suppl. Hicks Ellis[1] Bue.[1] Bla.[1] || **41** uestigia incerta (uulg. πρὸς legi nequit) || **42** ...]...ησ suppl. Hicks || **43** e. g. ὁ πορφύρεος Cru.[6] | οὐ] μηδὲ Rich.[1] alii || **44** ἠ]μέας Ludwich[5] | -το· δεινὰ (Bla.[2]) ueri similius quam · τὸ δεῖνα (Bla.[3]); sed si hoc uerum, praecedere potest φίρη (H. I. Bell ap. Knox[7]) || **45** uestigia incerta || **46** τὸ μέλλο]ν Hea.[1] Hardie Bue.[1] | ημων, sscr. m. alt. ανθρωποισ (corr. ex -ων) || **47** εστηκεσ, · sup. σ alt. || **48** ημων, ι sup. ω || **49** χρ[ε̄ι]ζουσ᾽ Hardie Bue.[1] || **50** μᾱτᾱκινησ, λ sup. κ m. alt. | γυλλοσ, γρυλ in mg. || **54** τρ καλον leg. Hicks Bue.[1] | καρποσ, φ sup. π m. alt. || **55** αθικτοσ εσ leg. Nicholson Ell.[1] || **57** τα σπλαγχν ερωτι leg. Hea.[2] || **58** ἡμέρηι uel -ης Hea.[7]

3

τὸ δῶμα, [τέ]κνον, ἀλλά μευ κατακλαίει
60   καὶ ταταλ[ί]ζει καὶ ποθέων ἀποθνήισκει.
    ἀλλ', ὦ τέκνον μοι Μητρίχη, μίαν ταύτην
    ἁμαρτίην δὸς τῆι θεῶι· κατάρτησον
    σαυτήν, τὸ [γ]ῆρας μὴ λάθηι σε προσβλέψαν.
col. 5   καὶ δοιὰ πρήξεις· ἡδεω[.]..[.].[..].[
65   δοθήσεταί τι μέζον ἢ δοκεῖς· σκέψαι,
    πείσθητί μευ· φιλέω σε, να[ὶ] μὰ τὰς Μοίρας.
(MH.)   Γυλλί, τὰ λευκὰ τῶν τριχῶν ἀπαμβλύνει
    τὸν νοῦν· μὰ τὴν γὰρ Μάνδριος κατάπλωσιν
    καὶ τὴν φίλην Δήμητρα, ταῦτ' ἐγὼ [ἐ]ξ ἄλλης
70   γυναικὸς οὐκ ἂν ἡδέως ἐπήκουσα,
    χωλὴν δ' ἀείδειν χώλ' ἂν ἐξεπαίδευσα
    καὶ τῆς θύρης τὸν οὐδὸν ἐχθρὸν ἡγεῖσθαι.
    σὺ δ' αὖτις ἔς με μηδὲ ἕν⟨α⟩, φίλη, τοῖον
    φέρουσα χώρει μῦθον· ὃν δὲ γρήιηισι
75   πρέπει γυναιξὶ τῆις νέηις ἀπάγγελλε·
    τὴν Πυθέω δὲ Μητρίχην ἔα θάλπειν
    τὸν δίφρον· οὐ γὰρ ἐγγελᾶι τις εἰς Μάνδριν.
    ἀλλ' οὐχὶ τούτων, φασί, τῶν λόγων Γυλλίς
    δεῖται· Θρέισσα, τὴν μελαινίδ' ἔκτριψον
80 col. 6   κἠκτημόρους τρεῖς ἐγχέασ[α τ]ρῦ ἀκρήτου
    καὶ ὕδωρ ἐπιστάξασα δὸς πιεῖν.
(ΓΥ.)   καλῶς.

67—68 Stob. 4, 50 b, 59 (5, 1043 H.) (ψόγος γήρως) Ἡρώδα μιμιάμβων

60 τἀτἀλ[ι]ζει | ποθ + εων | αποθνησκει ‖ 64 + ηδε[‖ 65 σκεψαι· ‖ 65/66 paragr., sed del. ‖ 66 + φιλεω ‖ 66/67 paragr. ‖ 67 + τα ‖ 68 + μα ‖ 74 μνθ + ον ‖ 76 δὲ ‖ 77 ενγελαι | μανδριν ‖ 79 + θρεισσα | in mg. κυγε· (leg. Parsons ap. Cun.⁵; gl. κυλίκων γένος εὐτελές interpr. Edm.¹) ‖ 80—2 4 fragmentum dextram partem col. 6 continens demissius et propius collocatum est ‖ 81/82 paragr.

61 μητριχηι, · sup. ι alt. Μητρί, τὴν Mei.⁴ ‖ 64 δια, ο sscr. inter δ et ι | ἠδέῳ[ν] τε[ύ]ξ[ει] κ[αί σοι Hea.¹² (post F. D.² ἡδέως ζήσεις καί σοι), sed uestigia incerta ‖ 67 (MH.) Hicks Bue.¹ | Γυλλί] γύναι Stob. Γυλλί⟨ς⟩ Ruth. Bue.¹ | απαμβλυνει, β ex corr. ‖ 68 καταπλωσιν leg. Ken.⁴ ‖ 69 [.]ξ uel ξ ‖ 70 ἠπίως Sta.¹ ‖ 71 χωλον, ·α· sup. ο m. alt. ‖ 73 ἕν⟨α⟩ Bla.³ ‖ 74 ογ ὃε γρηιαισι leg. Bla.³ γρήιηισι Mei.⁴ | in mg. ⟨ uel sim. ‖ 75 τῆις νέηις Ruth. ταισνεαισ ‖ 76 δινθεω, δι del. et π sscr. ‖ 77 μητριχην, μητριχην del. et τονδιφρον sscr. m. alt. ‖ 78 αλλονδε, χι sup. δε | φυσει, α sup. v m. alt. (φασί Ruth. Bla.¹ Bue.¹) ‖ 80 κηκτημορουσ leg. Nicholson Hicks Bue.¹ | εγχεασ[..]...κρητου suppl. Pal.² Cru.⁵ ‖ 81 (ΓΥ.) καλῶς ci. Hea.¹, leg. Knox⁷

4

(MH.) τῆ, Γυλλί, πῖθι.

⟨ΓΥ.⟩   δεῖξον οὐ[.]......πα.[

       πείσουσά σ᾽ ἦλθον, ἀλλ᾽ ἔκητι τῶν ἰρῶν.

⟨MH.⟩ ὦν οὔνεκέν μοι, Γυλλί, ὦνα[

⟨ΓΥ.⟩ οσσοῦ γένοιτο, μᾶ, τέκνον π[.].........   85

       ἡδύς γε· ναὶ Δήμητρα, Μητρ[ί]χη, τούτου
       ἡδίον᾽ οἶνον Γυλλὶς οὐ πέ[π]ωκέν [κω.
       σὺ δ᾽ εὐτύχει μοι, τέκνον, ἀσ[φα]λίζευ [δέ
       σαυτήν· ἐμοὶ δὲ Μυρτάλη τε κ[αὶ] Σίμη
       νέαι μένοιεν, ἔστ᾽ ἂν ἐμπνέῃ[ι] Γυλλίς.   90

2. ΠΟΡΝΟΒΟΣΚΟΣ

(BA.) ἄνδρες δικασταί, τῆς γενῆς μ[ὲ]ν οὐκ ἐστέ
       ἡμέων κριταὶ δήκουθεν οὐδὲ [τ]ῆς δόξης,
       οὐδ᾽ εἰ Θαλῆς μὲν οὗτος ἀξίην τὴ[ν] νηῦν
       ἔχει ταλάντων πέντ᾽, ἐγὼ δὲ μ[η]δ᾽ ἄρτους,
       ....]ὑπερέξει Βάτταρόν [τι π]ημήρας·   col. 7 5
       ....].κ.ι.[.]ωλυκον γὰρ [..]κλαυσαι
       ....].ιησομαστοσηιασ[..] γχωρη
       ....].σμε..ι.. ἐστὶ τῆς [πό]λιος κἠγώ,
       ... ζ]ῶμεν οὐκ ὡς βουλό[με⟨σ⟩]θ᾽ ἀλλ᾽ ὡς ἡμέας
       ....]ρος ἕλκει. προστάτην [ἔχ]ει Μεννῆν,   10

2 Oratio lenonis Battari in nauarchum Thaletem ab ipso habita. legem recitat
grammaticus. scena: tribunal in insula Coo

82 τῆι+γυλλι+πειθι+δειξον+ου[‖ 83 +αλλ ‖ 84 ω+ν ‖ 85 ο+οσσοῦ | μᾶ ‖
87 ηδειον ‖ 90 ενπνεη[.] ‖ post 90 coronis ‖ 1 ἐστε ‖ 2 +ουδ ‖ 3 / ad init. | ι ‖
9 ουχ | ἡμεασ ‖ 10 ελκι |]ι | νεμειν gl. m. rec. in mg.

82 (MH.) et ⟨ΓΥ.⟩ Knox[11] | τῆι, fort. recte | ου[.]π...λλα (uel μα uel δι(.)) leg.
P. Parsons ap. Cun.[5] ‖ 83 ἐκη.. leg. Cru.[7] ‖ 84−85 locutores et lectiones dub. ‖
85 π... (fort. ρ uel φ). (fort. η).. (fort. α) ‖ 86 ου.., suppl. H. J. M. Milne ap.
Knox[11] ‖ 87 πε[.]ωκεν[suppl. Bla.[1] Dan. ‖ 88 ασ[..]λίζ.υ[suppl. Hea.[12] (-ου: -ευ
V. Schmidt) ἀσ[φα]λίζου[σα Die. ap. Cru.[6] ‖ 89 σαυτην, σ corr. ex τ | κ[..].ιμη
suppl. Nicholson Bue.[1] ‖ 3 τη[.]νυν, η sup. υ; expl. Bla.[1] ‖ 4 εχι, χ corr. ex ι |
μ[η]δ᾽ Cru.[10] ‖ 5 e. g. δίκηι] Cru.[6], οὕτω] Knox[6] | [...]ημ..ασ suppl. Nicholson ‖
6 πολλο]ῦ γε καὶ δ(ε)ῖ Milne ap. Knox[5] | [τ]ὠλυκὸν γὰρ [ἂν] κλαύσαι Knox[1] ‖
7].ιης ὄμαστος (F. D.[2] Bla.[3]; ὁ μ(ή) ἀστός Sitzler[7]) ueri similius quam].ιήσομ(αι)
ἀστός (F. D.[2] Cru.[6]) | ῆι uerb. an pron. incertum | ἄσ[τυ κ]αὶ Knox[1] ἀσ[τ⟨έ⟩ω]ν
Knox[2] ‖ 8 κοῦτ]ος μέτοικος (F. D.[2]) potius quam ἐν δ]υσμενείηι δ᾽ (Hea.[7]) | πο]-
λεωσ, ιο sup. εω m. alt. ‖ 9 καὶ ζ]ῶμεν Hea.[3] | βουλο[..]θακαλλ, κ del.; corr.
Cru.[6] ‖ 10 ὁ και]ρὸς Sta.[6] | [..]ι suppl. Milne ap. Knox[11] | Μεννῆν Masson[7]
Μέννην uulg.

5

HERODAS

ἐγ]ὼ δ᾽ Ἀριστοφῶντα· πὺξ [νε]νίκηκεν
Μεν]νῆς, [Ἀρισ]τοφῶν δὲ κ[...] νῦν ἄγχει·
...]η ἐστ᾽ ἀ[λη]θέα ταῦτα, το[ῦ ἠ]λίου δύντος
...].θετῳ[...]ων ἄνδρες .[..]χε χλαῖναν
...].νωσε..ιω προστάτ[ηι τ]εθώρηγμαι
...].χ.[.].ν ᾽ἐξ Ἄκης ἐλήλ[ο]νθα
πυρ]οὺς ἄγων κῆστησα τὴν κακὴν λιμόν.᾽
...]ε πό[ρ]νας ἐκ Τύρου· τί τῶι δήμωι
........; δ]ωρεὴν γὰρ οὔτ᾽ οὗτος πυρούς
........]θιν οὔτ᾽ ἐγὼ πάλιν κείνην.

col. 8

εἰ δ᾽ οὔνεκεν πλεῖ τὴν θάλασσαν ἢ χλαῖναν
ἔχει τριῶν μνέων Ἀττικῶν, ἐγὼ δ᾽ οἰκέω
ἐν γῆι τρίβωνα καὶ ἀσκέρας σαπρὰς ἕλκων,
βίηι τιν᾽ ἄξει τῶν ἐμῶν ἔμ᾽ οὐ πείσας,
καὶ ταῦτα νυκτός, οἴχετ᾽ ἥμιν ἡ ἀλεωρή
τῆς πόλιος, ἄνδρες, κἀπ᾽ ὅτ⟨ε⟩ωι σεμνύνεσθε,
τὴν αὐτονομίην ὑμέων Θαλῆς λύσει.
ὃν χρῆν ἑαυτὸν ὅστις ἐστὶ κἀκ ποίου
πηλοῦ πεφύρητ᾽ εἰδότ᾽ ὡς ἐγὼ ζώειν
τῶν δημοτέων φρίσσοντα καὶ τὸν ἥκιστον.
νῦν δ᾽ οἱ μὲν ἐόντες τῆς πόλιος καλυπτῆρες
καὶ τῆι γενῆι φυσῶντες οὐκ ἴσον τούτωι
πρὸς τοὺς νόμους βλέπουσι κἠμὲ τὸν ξεῖνον
οὐδεὶς πολίτης ἠλόησεν οὐδ᾽ ἦλθεν
πρὸς τὰς θύρας μευ νυκτὸς οὐδ᾽ ἔχων δαῖδας

col. 9

τὴν οἰκίην ὑφῆψεν οὐδὲ τῶν πορνέων

12 αγχι ‖ 17 κή.τηστα, τ alt. del. ‖ 19 ονθ ‖ 20 κινῆν ‖ 21 πλι ‖ 22 εχι |
+εγω ‖ 24 αξι | ἐμ᾽ ‖ 25 οιχεθ ‖ 26 καφ ‖ 28 +εστι | +κακ ‖ 29 ιδοτ | +ωσ ‖
33 ξινον ‖ 34 ουδισ ‖ 36 οικίαν, η sup. α

11 ..]........ωντα suppl. Hea.³,⁷ ‖ 12 ...]νησ suppl. Cru.⁶ (accent. Bla.³) | [....]το-
φων suppl. Hea.³ | κ[ῆτι] Bue.² ‖ 13 κεὶ μ]ὴ Bla.³ | [..].εα suppl. Bla.³ | το[..]
λιου suppl. Ken.² | 14 ἐξή]λθετ᾽ Bla.³ ἐξε]λθέτω Knox³ | ἦ[ν (ε)ἴ]χε Bla.³,
sed fort. potius α[‖ 15 γνώσετ᾽ (uel -θ᾽) οἶωι Knox¹ | προστατ[suppl. Cru.⁶ |
]εθωρ..μαι leg. et suppl. Bla.³ ‖ 16 ἐρ(ε)ῖ] τάχ᾽ ὐ[μ]ῖν Cru.¹⁷ | ελ ηλ[.]νθα suppl.
Bla.³ ‖ 17 ...]ονσ suppl. F. D.² Cru.⁶ | κή.τηστατιν, τ alt. del.; corr. F. D.² Mekler
ap. Cru.⁶ ‖ 18 ἐγὼ δ]ὲ Hea.⁷ | πρ[.]νασ suppl. F. D.² Bla.³ ‖ 19 e. g. τοῦτ᾽ ἔστι;
Hea.⁷ | δ]ωρεὴν F. D.¹ Hicks (fragmentum δ ut affirmatur continens quod nunc
in papyro hic collocatum est huc non pertinet, uid. ad finem textus) ‖ 20 δίδωσ᾽
ἀλή]θ(ε)ιν F. D.¹ δίδωσιν ἐσ]θ(ε)ιν Cru.⁶ | κείνην Hicks κινῆν P κινεῖν Cru.⁶
βινεῖν Papabasileiou ‖ 26 κῆφ᾽ Ruth. | ὅτ⟨ε⟩ωι Mei.⁴ ‖ 28 χρῆν ἑαυτὸν Weil¹
Ell.¹ Bue.¹ Bla.¹ εχρηναυτον | κῆκ Hicks | κοίου Mei.⁴ ‖ 29 ζώειν Ruth. ζωιην ‖
33 βλεπουσι, π e corr. ‖ 36 ρικίαν, η sup. α

6

2. ΠΟΡΝΟΒΟΣΚΟΣ

βίηι λαβὼν οἴχωκεν· ἀλλ᾽ ὁ Φρὺξ οὗτος,
ὁ νῦν Θαλῆς ἐών, πρόσθε δ᾽, ἄνδρες, Ἀρτίμμης,
ἅπαντα ταῦτ᾽ ἔπρηξε κοὐκ ἐπηιδέσθη
οὔτε νόμον οὔτε προστάτην οὔτ᾽ ἄρχοντα.   40
καίτοι λαβών μοι, γραμματεῦ, τῆς αἰκείης
τὸν νόμον ἄνειπε, καὶ σὺ τὴν ὀπὴν βῦσον
τῆς κλεψύδρης, βέλτιστε, μέχρις εὖ ⟨᾽ν⟩είπηι,
μὴ †προστε† κῦσος φῆι τι κὤ τάπης ἥμιν,
τὸ τοῦ λόγου δὴ τοῦτο, ληίης κύρσηι.   45
(ΓΡ.) ἐπὴν δ᾽ ἐλεύθερός τις αἰκίσηι δούλην
ἢ ἕ⟨λ⟩κων ἐπίσπηι, τῆς δίκης τὸ τίμημα
διπλοῦν τελείτω.
(ΒΑ.)   ταῦτ᾽ ἔγραψε Χαιρώνδης,
ἄνδρες δικασταί, καὶ οὐχὶ Βάτταρος χρήιζων
Θαλῆν μετελθεῖν. ἢν θύρην δέ τις κόψηι,   50
μνῆν τινέτω, φησ᾽· ἢν δὲ πὺξ ἀλοιήσηι,   col. 10
ἄλλην πάλι μνῆν· ἢν δὲ τὰ οἰκί᾽ ἐμπρήσηι
ἢ ὅρους ὑπερβῆι, χιλίας τὸ τίμημα
ἔνειμε, κἢν βλάψηι τι, διπλόον τίνειν.
ὤικει πόλιν γάρ, ὦ Θάλης, σὺ δ᾽ οὐκ οἶσθας   55
οὔτε πόλιν οὔτε πῶς πόλις διοικεῖται,
οἰκεῖς δὲ σήμερον μὲν ἐν Βρικινδήροις
ἐχθὲς δ᾽ ἐν Ἀβδήροισιν, αὔριον δ᾽ ἤν σοι
ναῦλον διδοῖ τις, ἐς Φασηλίδα πλώσηι.
ἐγὼ δ᾽ ὅκως ἂν μὴ μακρηγορέων ὑμέας,   60
ὦνδρες δικασταί, τῆι παροιμίηι τρύχω,
πέπονθα πρὸς Θάλητος ὅσσα κἢν πίσσηι
μῦς· πὺξ ἐπλήγην, ἡ θύρη κατήρακται
τῆς οἰκίης μευ, τῆς τελέω τρίτην μισθόν,
τὰ ὑπέρθυρ᾽ ὀπτά. δεῦρο, Μυρτάλη, καὶ σύ·   65

---

39 κου+κ ‖ **40** ου+τ ‖ **41** αικιησ ‖ **44** χω ‖ **45** ληϊησ ‖ **45/46** paragr. ‖ **48** τε-λιτω ‖ **48/49** paragr. ‖ **49** ανδρ+εσ | +και | χρηζων ‖ **51** φησι ‖ **52** +ην ‖ **54** εγιμε | τινιν ‖ **54/55** paragr. ‖ **56** διοικιται ‖ **57** οικισ | βρικινδήροισ ‖ **59** πλω-ση ‖ **60** ὑμεασ ‖ **62** κημ

38 εωνα, · sup. α ‖ **43** εὖ Cun.⁷ ου | ⟨᾽ν⟩είπηι Rich.¹ (ἀν-) Herw.² ‖ **44** πρόσθ᾽ ὁ Piccolomini | φῆι τι Ruth. φησι φ⟨θ⟩ῆσι Hea.⁷ φ⟨ρ⟩ῆσι West ‖ **47** ἕ⟨λ⟩κων Ruth. ‖ **49** βατταωσ, ω del. et ρο sscr. ‖ **51** φησ᾽ Ruth. φησιν Ruth. ‖ **53** ὀδούς Rich.¹ ‖ **55** Θάλης Bla. (Kühner-Blass 2, 583) Θαλῆς uulg. Θαλῆ Knox¹ (in indice) ‖ **56** κῶς Ruth. ‖ **62** καπισσηι, ημ sup. α m. alt. ‖ **64** μοιραν, οιρα del. et ισθο sscr.

δεῖξον σεωυτὴν πᾶσι· μηδέν᾽ αἰσχύνευ·
col. 11   νόμιζε τούτους οὓς ὁρῆις δικάζοντας
πατέρας ἀδελφοὺς ἐμβλέπειν. ὁρῆτ᾽ ἄνδρες,
τὰ τίλματ᾽ αὐτῆς καὶ κάτωθεν κἄνωθεν
70   ὡς λεῖα ταῦτ᾽ ἔτιλλεν ὠναγὴς οὗτος,
ὅτ᾽ εἷλκεν αὐτὴν κἀβιάζετ᾽ — ὦ γῆρας,
σοὶ θυέτω ἐπ[εὶ] τὸ αἷμ᾽ ἂν ἐξεφύσησεν
ὥσπερ Φίλιστος ἐν Σάμωι κοτ᾽ ὁ Βρέγκος.
γελᾶις; κίναι[ι]δός εἰμι καὶ οὐκ ἀπαρνεῦμαι,
75   καὶ Βάτταρός μοι τοὔνομ᾽ ἐστὶ κὠ πάππος
ἦν μοι Σισυμβρᾶς κὠ πατὴρ Σισυμβρίσκος,
κἠπορνοβόσ[κ]ευν πάντες, ἀλλ᾽ ἔκητ᾽ ἀλκῆς
θαρσέων λε.[.]..[.]οιμαν εἰ Θαλῆς εἴη.
ἐρᾶις σὺ μὲν ἴσω[ς] Μυρτάλης; οὐδὲν δεινόν·
80   ἐγὼ δὲ πυρέων· ταῦτα δοὺς ἐκεῖν᾽ ἕξεις.
ἢ νὴ Δί᾽, εἴ σευ θ[ά]λπεταί τι τῶν ἔνδον,
col. 12   ἔμβυσον εἰς τὴν χεῖρα Βατταρίωι τιμήν,
καὐτὸς τὰ σαυτοῦ θλῆ λαβὼν ὅκως χρήιζεις.
ἓν δ᾽ ἔστιν, ἄνδρες — ταῦτα μὲν γὰρ εἴρηται
85   πρὸς τοῦτον — ὑμεῖς δ᾽ ὡς ἀμαρτύρων εὔντων
γνώμηι δικαίηι τὴν κρίσιν διαιτᾶτε.
ἢν δ᾽ οἷον ἐς τὰ δοῦλα σώματα σπεύδηι
κἠς βάσανον αἰτῆι, προσδίδωμι κἀμαυτόν·
λαβών, Θαλῆ, στρέβλου με· μοῦνον ἡ τιμή
90   ἐν τῶι μέσωι ἔστω· ταῦτα τρυτάνηι Μίνως
οὐκ ἂν δικάζων βέλτιον διήιτησε.
τὸ λοιπόν, ἄνδρες, μὴ δοκεῖτε τὴν ψῆφον
τῶι πορνοβοσκῶι Βαττάρωι φέρειν, ἀλλά

66 +μηδεν ‖ 68 +ορητ ‖ 70 λῖα | ὤναγησ ‖ 71 οθ | ιλκεν ‖ 72 +επ[ι] ‖
74 +κιναιδοσ ‖ 75 χω ‖ 76 χω | σισυμβρίσκοσ ‖ 77 +αλλ ‖ 78 +ι | ιηι ‖
78/79 paragr. ‖ 80 +ταυτα | εκιν | εξισ ‖ 81 ι ‖ 82 χιρα | +τιμηνι, · sup. ι ‖
83 / ad init. | σ, αυτου, ,del. | θλῆ | χρηζεισ ‖ 83/84 fort. paragr. ‖ 88 αιτη, ι post
η add. ‖ 92 δοκιτε

66 μηδέν᾽ Herz. ap. Cru.¹⁷   μηδὲν uulg. ‖ 67 οραισ, η sup. α ‖ 69 κατωθεν, ν
del. ‖ 71 κἠβιάζετ᾽ Herw.² ‖ 72 επ[..]τοαιμ suppl. Bla.¹ ‖ 73 φιλ..ποσ, .τ sup. ...:
Φίλιππος corr. in Φίλιστος interpr. Bla.³ | ποτ, κ sup. π | βρεγκοσ interpr. Mei.⁴ ‖
78 λέρ[ν]τ᾽ ἄ[γχ]οιμ᾽ ἂν Bue.²; pro τα legi possit etiam γ; nescioqu. sup. ρ et θ /
sup. .. ‖ 79 εραισμεν, συ sup. σ ‖ 81 ναί Mei.⁴ ‖ 82 Βαττάρωι Ruth. | τιμηνι, ·
sup. ι ‖ 83 τασαυτου, ,insert. et postea del. post σ ‖ 84 ενδετισ, σ sup. ετ scr.; σ
fin. del. et ν sscr. m. alt. | ανδρασ, ε sup. α alt. m. alt. ‖ 85 δ᾽ del. Herw.² ‖
88 κἠμαυτόν Ruth.

3. ΔΙΔΑΣΚΑΛΟΣ

ἅπασι τοῖς οἰκεῦσι τὴν πόλιν ξείνοις.
νῦν δείξετ᾽ ἢ Κῶς κὤ Μέροψ κόσον δραίνει   95
κὤ Θεσσαλὸς τίν᾽ εἶχε κἠρακλῆς δόξαν,
κὠσκληπιὸς κῶς ἦλθεν ἐνθάδ᾽ ἐκ Τρίκκης,
κἤτικτε Λητοῦν ὧδε τεῦ χάριν Φοίβη.   col. 13
ταῦτα σκοπεῦντες πάντα τὴν δίκην ὀρθῆι
γνώμηι κυβερνᾶτ᾽, ὡς ὁ Φρὺξ τὰ νῦν ὔμιν   100
πληγεὶς ἀμείνων ἔσσετ᾽, εἴ τι μὴ ψεῦδος
ἐκ τῶν παλαιῶν ἡ παροιμίη βάζει.

3. ΔΙΔΑΣΚΑΛΟΣ

(ΜΗ.)   οὕτω τί σοι δοίησαν αἱ φίλαι Μοῦσαι,
Λαμπρίσκε, τερπνὸν τῆς ζοῆς τ᾽ ἐπαυρέσθαι,
τοῦτον κατ᾽ ὤμου δεῖρον, ἄχρις ἡ ψυχή
αὐτοῦ ἐπὶ χειλέων μοῦνον ἢ κακὴ λειφθῆι.
ἔκ μευ ταλαίνης τὴν στέγην πεπόρθηκεν   5
χαλκίνδα παίζων· καὶ γὰρ οὐδ᾽ ἀπαρκεῦσιν
αἱ ἀστραγάλαι, Λαμπρίσκε, συμφορῆς δ᾽ ἤδη
ὁρμᾶι ἐπὶ μέζον. κοῦ μὲν ἡ θύρη κεῖται
τοῦ γραμματιστέω — καὶ τριηκὰς ἡ πικρή
τὸν μισθὸν αἰτεῖ κἢν τὰ Ναννάκου κλαύσω —   col. 14   10
οὐκ ἂν ταχέως λήξειε· τήν γε μὴν παίστρην,
ὄκουπερ οἰκίζουσιν οἵ τε προύνεικοι
κοἰ δρηπέται, σάφ᾽ οἶδε κἠτέρωι δεῖξαι.
κἠ μὲν τάλαινα δέλτος, ἣν ἐγὼ κάμνω
κηροῦσ᾽ ἑκάστου μηνός, ὀρφανὴ κεῖται   15
πρὸ τῆς χαμεύνης τοῦ ἐπὶ τοῖχον ἑρμῖνος,

3 Metrotima filium Cottalum accusat coram ludi magistro Lamprisco, qui eum uerberandum curat. scena: ludus Lamprisci ‖ 10 Zen. 6, 10 (Paroem. Gr. 1, 164) ⟨τὰ Ναννάκου κλαύσομαι⟩· ἐπὶ τῶν πολλὰ θρηνούντων ... Ἡρώδης δὲ ὁ ἰαμβοποιός φησιν· ἵνα τὰ Ναννάκου κλαύσω. cf. Cru.⁶ 55sq.

94 ξινοισ ‖ 95 δίξεθ | κῶσ ‖ 96 χω ‖ 97 χωσκληπιοσ | κῶσ ‖ 98 κήτικτε | λητοῦν | τεῦ ‖ 101 πληγισ | αμινων ‖ 102 βαζι, ϱ sup. α ‖ post 102 coronis ‖ 3 διϱον ‖ 4 χιλεων | λιφθηι ‖ 6 / ad init. | χαλκίνδα ‖ 7 αστραγάλαι ‖ 8 +κου | κιται ‖ 10 αιτι | +κην ‖ 11 ληξιε | +την ‖ 12 προυνικοι ‖ 13 διξαι ‖ 15 κιται

96 ειχενηρακλησ, ν del. et χ sscr. m. alt. ‖ 102 βαζι, ϱ sup. α m. alt. ‖ 8 κοῦ Hicks Weil¹ ‖ 11 λέξειε Bue.¹ Bla.¹ Dan. Hicks Jackson¹ Rich.¹ Weil¹ ‖ 12 ὀκλάζουσιν Herw.²

3*

ἢν μήκοτ' αὐτὴν οἷον Ἀίδην βλέψας
γράψηι μὲν οὐδὲν καλόν, ἐκ δ' ὅλην ξύσηι·
αἱ δορκαλῖδες δὲ λιπαρώτεραι πολλόν
20   ἐν τῆισι φύσηις τοῖς τε δικτύοις κεῖνται
τῆς ληκύθου ἡμέων τῆι ἐπὶ παντὶ χρώμεσθα.
ἐπίσταται δ' οὐδ' ἄλφα συλλαβὴν γνῶναι,
ἢν μή τις αὐτῶι ταὐτὰ πεντάκις βώσηι.
τριτημέρηι Μάρωνα γραμματίζοντος
25   τοῦ πατρὸς αὐτῶι, τὸν Μάρων' ἐποίησεν
col. 15   οὗτος Σίμων' ὁ χρηστός· ὥστ' ἔγωγ' εἶπα
ἄνουν ἐμαυτήν, ἥτις οὐκ ὄνους βόσκειν
αὐτὸν διδάσκω, γραμμάτων δὲ παιδείην,
δοκεῦσ' ἀρωγὸν τῆς ἀωρίης ἔξειν.
30   ἐπεὰν δὲ δὴ καὶ ῥῆσιν οἷα παιδίσκον
ἢ 'γώ μιν εἰπεῖν ἢ ὁ πατὴρ ἀνώγωμεν,
γέρων ἀνὴρ ὠσίν τε κόμμασιν κάμνων,
ἐνταῦθ' ὅκως νιν ἐκ τετρημένης ἠθεῖ
Ἄπολλον... Ἀγρεῦ...', 'τοῦτο' φημὶ 'κὴ μάμμη,
35   τάλης, ἐρεῖ σοι — κἠστὶ γραμμάτων χήρη —
κὤ προστυχὼν Φρύξ.' ἢν δὲ δή τι καὶ μέζον
γρῦξαι θέλωμεν, ἢ τριταῖος οὐκ οἶδεν
τῆς οἰκίης τὸν οὐδόν, ἀλλὰ τὴν μάμμην,
γρηῦν γυναῖκα κὠρφανὴν βίου, κείρει,
40   ἢ τοῦ τέγευς ὕπερθε τὰ σκέλεα τείνας
κάθητ' ὅκως τις καλλίης κάτω κύπτων.
τί μευ δοκεῖς τὰ σπλάγχνα τῆς κάκης πάσχειν
col. 16   ἐπεὰν ἴδωμι; κοὐ τόσος λόγος τοῦδε·
ἀλλ' ὁ κέραμος πᾶς ὥσπερ ἴτ⟨ρ⟩ια θλῆται,
45   κἠπὴν ὁ χειμὼν ἐγγὺς ἦι, τρί' ἤμαιθα
κλαίουσ' ἑκάστου τοῦ πλατύσματος τίνω·

24 τριθημεραι ‖ **25** +τον | μαρωνα ‖ **26** σιμωνα | +ωστ | ιπα ‖ **27** βοσκιν ‖
28 παιδιην ‖ **29** εξιν ‖ **31** ειπιν, · sup. ε ‖ **33** ηθι ‖ **34** χη ‖ **35** ερι ‖ **36** μιζον ‖
39 κιρι ‖ **40** τινασ ‖ **41** καθηθ ‖ **42** πασχιν ‖ **43** +κου | τοσοσ ‖ **45** . κηπην |
χιμων ‖ **46** . κλαιουσα

17 ἢν Bla.¹ Pal.¹   κην ‖ **18** ξυληι, σ sup. λ ‖ **19** δαιπαρωτεραι, ελι sup. αι pr. ‖
20 post 21 transp. Pearson Reinach ‖ **21** την, ν del. et ι sscr. ‖ **23** βώσηι Bla.¹
Ruth.   βωσαι ‖ **24** τριτημέρηι Herw.² (τριθ- Ruth.)   τριθημεραι ‖ **33** μιν Ruth. |
ιθι, ι pr. fort. del. (nisi ι in η mutare coeperat), η sscr. ‖ **34** αυρευ, γ sup. υ pr. ‖
36 μέζον Ruth.   μιζον ‖ **42** τῆς κάκης Mei.⁴   τῆς κακῆς uulg.   τῆι σάληι Sitzler⁷
ἄλης κακῆς Sta.⁶ ‖ **43** ἴδω μιν Ruth. ‖ **44** ἴτ⟨ρ⟩ια Ruth. ‖ **45** ημεθα, αι sup.
ε m. alt.

3. ΔΙΔΑΣΚΑΛΟΣ

ἐν γὰρ στόμ᾽ ἐστὶ τῆς συνοικίης πάσης,
῾τοῦ Μητροτίμης ἔργα Κοττάλου ταῦτα᾽,
κἀληθίν᾽ ὥστε μηδ᾽ ὀδόντα κινῆσαι.
ὄρη δ᾽ ὀκοίως τὴν ῥάκιν λελέπρηκε   50
πᾶσαν, κατ᾽ ὕλην, οἶα Δήλιος κυρτεύς
ἐν τῆι θαλάσσηι, τὠμβλὺ τῆς ζοῆς τρίβων.
τὰς ἑβδόμας δ᾽ ἄμεινον εἰκάδας τ᾽ οἶδε
τῶν ἀστροδιφέων, κοὐδ᾽ ὕπνος νιν αἰρεῖται
νοεῦντ᾽ ὅτ᾽ ἦμος παιγνίην ἀγινῆτε.   55
ἀλλ᾽ εἴ τί σοι, Λαμπρίσκε, καὶ βίου πρῆξιν
ἐσθλὴν τελοῖεν αἴδε κἀγαθῶν κύρσαις,
μῆλασσον αὐτῶι —
(ΛΑ.)   Μητροτίμη, ⟨μὴ⟩ ἐπεύχεο
ἔξει γὰρ οὐδὲν μεῖον. Εὐθίης κοῦ μοι,
κοῦ Κόκκαλος, κοῦ Φίλλος; οὐ ταχέως τοῦτον   60
ἀρεῖτ᾽ ἐπ᾽ ὤμου τῆι Ἀκέσεω σεληναίηι   col. 17
δείξοντες; αἰνέω τἄργα, Κότταλ᾽, ἅ πρήσσεις·
οὔ σοι ἔτ᾽ ἀπαρκεῖ τῆισι δορκάσιν παίζειν
ἀστράβδ᾽ ὄκωσπερ οἴδε, πρὸς δὲ τὴν παίστρην
ἐν τοῖσι προ⟨υ⟩νείκοισι χαλκίζεις φοιτέων;   65
ἐγώ σε θήσω κοσμιώτερον κούρης,
κινεῦντα μηδὲ κάρφος, εἰ τό γ᾽ ἥδιστον.
κοῦ μοι το δριμὺ σκῦτος, ἡ βοὸς κέρκος,
ὦι τοὺς πεδήτας κἀποτάκτους λωβεῦμαι;
δότω τις εἰς τὴν κεῖρα πρὶν †χολη† βῆξαι.   70
μή μ᾽ ἱκετεύω Λαμπρίσκε, πρός σε τῶν Μουσέων
καὶ τοῦ γενείου τῆς τε Κόττιδος ψυχῆς,

49 / ad init. | καληθιν᾽ | +ωστε ‖ 51 καθ ‖ 53 αμινον | ικαδασ ‖ 54 αιριται ‖
55 νοευνθ ‖ 58 +μητροιτιμη | 58/59 paragr. ‖ 59 μιον | +ευθιησ ‖ 60 +κοκ-
καλοσ ‖ 61 αριτ | ακεσεω ‖ 62 διξοντεσ | πρησσισ | 64 ἀστράβδ | 65 προνικοισι ‖
67 ι ‖ 70/71 pagragr. ‖ 72 γεν+ει+ων

50 δεκοιωσ, ο sup. ε | ῥάκην Radermacher³ | 51 interp. Mei.⁴ | δείλαιος Pal.¹ ‖
53 εβδομασ, δα sup. ασ m. rec. | δ᾽ Terzaghi³   τ | 54 μιν Ruth. ‖ 55 ὀπῆμος
Hea.⁵ | ἀγινεῖτε Ruth. ‖ 58 (ΛΑ.) Bla.¹ Ell.¹ | Μητροτίμη Ken.¹   μητροιτιμη |
⟨μὴ⟩ Bla.¹ Ell.¹ Jackson¹ ‖ 59 που, π del. et κ sscr. ‖ 61 ακέσεω   Ἀκεσέω Bue.² ‖
62 κοτταλα, λ sup. λ et ˙ sup. sscr. λ ‖ 63 τῆισι Ruth.   ταισι | πεμπειν, μπ del. et
αιζ sscr. ‖ 64 ἀστράβδ accentus (et sensus) incertus ‖ 65 προ⟨υ⟩ν(ε)ίκοισι Ken.¹ ‖
68 σκῦτος Cru.³ Herw.¹ Jackson¹   σκυλοσ ‖ 70 χολῆι Hicks (cf. Giangrande¹ 90)
χολήν Ruth. (tum ῥῆξαι Rich.¹)   σχολὴ Ribbeck ‖ 71 μή μ᾽ Bue.¹   μημη | ικε-
τευω, ου sup. ευ et ˙˙ sup. ου | προσπρισκε, προσ del. et λαμ sscr. | προσ, ι ut uid.
sup. π (nisi pars litterae χ in 70) ‖ 72 τωνγενειων, ων bis del. et ου bis sup. ων m.
alt. | κουτιδοσ, τ sup. v m. alt.

11

μὴ τῶι με δριμεῖ, τῶι 'τέρωι δὲ λώβησαι.

⟨ΛΑ.⟩ ἀλλ' εἰς πονηρός, Κότταλ', ὤ⟨σ⟩τε καὶ περνάς

75 οὐδείς σ' ἐπαινέσειεν, οὐδ' ὅκου χώρης

οἱ μῦς ὁμοίως τὸν σίδηρον τρώγουσιν.

(ΚΟ.) κόσας, κόσας, Λαμπρίσκε, λίσσομαι, μέλλεις

ἔς μ' ἐμφορῆσαι;

⟨ΛΑ.⟩ μὴ 'μέ, τήνδε δ' εἰρώτα.

col. 18 ⟨ΚΟ.⟩ τατα⟨ῖ⟩, κόσας μοι δώσετ';

⟨ΜΗ.⟩ εἴ τί σοι ζώιην,

80 φέρειν ὅσας ἂν ἢ κακὴ σθένηι βύρσα.

⟨ΚΟ.⟩ παῦσαι· ἱκαναί, Λαμπρίσκε.

(ΛΑ.) καὶ σὺ δὴ παῦσαι

κάκ' ἔργα πρήσσων.

⟨ΚΟ.⟩ οὐκέτ' οὐκέτι πρήξω,

ὄμνυμί σοι, Λαμπρίσκε, τὰς φίλας Μούσας.

(ΛΑ.) ὅσσην δὲ καὶ τὴν γλάσσαν, οὗτος, ἔσχηκας·

85 πρός σοι βαλέω τὸν μῦν τάχ' ἢν πλέω γρύξηις.

(ΚΟ.) ἰδού, σιωπῶ· μή με, λίσσομαι, κτείνηις.

(ΛΑ.) μέθεσθε, Κόκκαλ', αὐτόν.

(ΜΗ.) οὐ δ⟨εῖ σ'⟩ ἐκλῆξαι,

Λαμπρίσκε· δεῖρον ἄχρις ἥλιος δύσηι.

88a ⟨ΛΑ. ἀλλ' . . . .⟩

(ΜΗ.) ἀλλ' ἐστὶν ὕδρης ποικιλώτερος πολλῶι

90 καὶ δεῖ λαβεῖν νιν — κἀπὶ βυβλίωι δήκου,

τὸ μηδέν — ἄλλας εἴκοσίν γε, καὶ ἢν μέλληι

αὐτῆς ἄμεινον τῆς Κλεοῦς ἀναγνῶναι.

⟨ΚΟ.⟩ ἰσσαῖ.

⟨ΛΑ.⟩ λάθοις τὴν γλάσσαν ἐς μέλι πλύνας.

74 ῖσ | κοτταλε | πέρνασ ‖ 75 ουδισ ‖ 76/77 paragr. ‖ 77 μελλισ ‖ 78 +μη | +τηνδε | ιρωτα ‖ 79 τᾶτᾱ | +κοσασ | ἴτί | ζωην ‖ 80 / ad init. | +οσασ | σθε- νηι, ι del. | βυρσαι, ι del. ‖ 81 +ικαναι | +και ‖ 81/82 paragr. ‖ 83/84 paragr. ‖ 85 το+ν ‖ 85/86 paragr. ‖ 86/87 paragr. ‖ 87 κο+κκαλ | +ου ‖ 87/88 paragr. ‖ 88/89 paragr. ‖ 90 δι | λαβιν ‖ 91 ικοσιν ‖ 92 αμινον | κλεοῦσ ‖ 93 ισσαῖ | +λαθοισ

74 ὤ⟨σ⟩τε Ken.¹ ‖ 75 οκωσ, ου sup. ωσ m. alt. ‖ 76 ὁμοίως non intelligitur ‖ 78 μ' ἐμφορῆσαι Ruth. μευφορησαι ‖ 79 τατᾱ⟨ι⟩ Herw.² τᾱτᾱ τατί Arnott (per litteras) | ⟨ΜΗ.⟩ Cru.³ ‖ 80 φερ, ειν sup. ερ m. alt. ‖ 82 πρησων, σ sup. σ | οὐκέτι (alt.) Ruth. ουχι οὐχί⟨τι⟩ Ken.¹ | παιξω, ρη sup. αι m. alt. ‖ 83 λοι, λ del. et σ sscr. ‖ 84 εσχηκεν, ασ sup. εν ‖ 87 δ⟨εῖ σ'⟩ Dan. Pearson ‖ 88 δειρον, δ sup. ν m. alt. | δὺς ἦι Mei.⁴ | 88a add. anon. ap. Hea.⁷ ‖ 90 μιν Ruth. | κἠπὶ Ruth. ‖ 91 μηδεν, ϑ sup. δ m. alt. ‖ 93 ⟨ΚΟ.⟩ Cru.³ ⟨ΛΑ.⟩ Nairn¹ | γλάσσαν Ken.¹ ιλασσαν

4. ΑΣΚΛΗΠΙΩΙ ΑΝΑΤΙΘΕΙΣΑΙ ΚΑΙ ΘΥΣΙΑΖΟΥΣΑΙ

⟨ΜΗ.⟩ ἐρέω ἐπιμηθέως τῶι γέροντι, Λαμπρίσκε,
ἐλθοῦσ᾽ ἐς οἶκον ταῦτα, καὶ πέδας ἥξω
φέρουσ᾽ ὅκως νιν σύμποδ᾽ ὧδε πηδεῦντα
αἱ πότνιαι βλέπωσιν ἃς ἐμίσησεν.   95

                                                 col. 19

4. ΑΣΚΛΗΠΙΩΙ ΑΝΑΤΙΘΕΙΣΑΙ ΚΑΙ ΘΥΣΙΑΖΟΥΣΑΙ

(ΚΥ.) χαίροις, ἄναξ Παίηον, ὃς μέδεις Τρίκκης
       καὶ Κῶν γλυκεῖαν κἠπίδαυρον ᾤκηκας,
       σὺν καὶ Κορωνὶς ἤ σ᾽ ἔτικτε κὠπόλλων
       χαίροιεν, ἧς τε χειρὶ δεξιῆι ψαύεις
       Ὑγίεια, κὦνπερ οἵδε τίμιοι βωμοί   5
       Πανάκη τε κἠπιώ τε κἰησὼ χαίροι,
       κοἰ Λεωμέδοντος οἰκίην τε καὶ τείχεα
       πέρσαντες, ἰητῆρες ἀγρίων νούσων,
       Ποδαλείριός τε καὶ Μαχάων χαιρόντων,
       κὦσοι θεοὶ σὴν ἑστίην κατοικεῦσιν   10
       καὶ θεαί, πάτερ Παίηον· ἵλεωι δεῦτε
       τὠλέκτορος τοῦδ᾽, ὅντιν᾽ οἰκίης † τοίχων †
       κήρυκα θύω, τἀπίδορπα δέξαισθε.
       οὐ γάρ τι πολλὴν οὐδ᾽ ἕτοιμον ἀντλεῦμεν,
       ἐπεὶ τάχ᾽ ἂν βοῦν ἤ νενημένην χοῖρον   15
       πολλῆς φορίνης, κοὐκ ἀλέκτορ᾽, ἵητρα
       νούσων ἐποιεύμεσθα τὰς ἀπέψησας   col. 20
       ἐπ᾽ ἠπίας σὺ χεῖρας, ὦ ἄναξ, τείνας.
       ἐκ δεξιῆς τὸν πίνακα, Κοκκάλη, στῆσον

4 Duo mulieres, Cynno et Phila, cum ancillis Coccala et Cydilla ad templum Aes-
culapii ad sacrificandum ueniunt. neocorus sacrificii euentum nuntiat. (de nomini-
bus et partibus mulierum nondum constat: uid. post alios Cun.[3]; sin haec reicias,
optima proponit Arnott[4]: mulieres esse Cynno, cuius ancilla Cydilla, et Cottalam,
cuius ancilla Coccala. minus bene uulgo creditur eas esse Cynno et Coccalam.) scena:
templum Aesculapii, fortasse illud Coum (cf. Cun.[3])

post 97 coronis ‖ 1 μεδισ ‖ 3 κωπολλων, κ corr. ex χ ‖ 4 χειρι, · sup. ε |
ψαυισ, ι corr. ex ε ‖ 5 / ad init. | υγιϊα | κῶνπερ ‖ 7 χοι | τιχη ‖ 9 ποδαλιριοσ ‖
10 χωσοι ‖ 15 επι ‖ 16 αλεκτορ᾽ιητρια ‖ 18 χειρασ, · sup. ε | τινασ

96 μιν Ruth. ‖ 1 (ΚΥ.) Kai.[1] ‖ 2 γλυκεῖαν Ruth. γλυκηαν ‖ 5 κῶνπερ Bla.[1]
Crawley Kai.[1] τεκ᾽ωνπερ ‖ 6 χαίροι ante κἠπιώ transp. Herw.[2] ‖ 7 τείχεα
Mei.[4] τιχη ‖ 11 ιδεω, λ sup. δ ‖ 12 τουαλεκτοροσ, ω sup. ου m. alt. | τρηχὺν
Rich.[1] μόχθων Sta.[2] ‖ 16 ἵητρια, · sup. ι alt. ‖ 19 Κοττάλη Bue.[2]

20   τῆς Ὑγιείης.

⟨ΦΙ.⟩   ἆ, καλῶν, φίλη Κυννοῖ,
ἀγαλμάτων· τίς ἦρα τὴν λίθον ταύτην
τέκτων ἐπο⟨ί⟩ει καὶ τίς ἐστιν ὁ στήσας;

⟨ΚΥ.⟩   οἱ Πρηξιτέλεω παῖδες· οὐκ ὁρῆις κεῖνα
ἐν τῆι βάσι τὰ γράμματ'; Εὐθίης δ' αὐτήν
25   ἔστησεν ὁ Πρήξωνος.

⟨ΦΙ.⟩   ἵλεως εἴη
καὶ τοῖσδ' ὁ Παιὼν καὶ Εὐθίηι καλῶν ἔργων.

⟨ΚΥ.⟩   ὅρη, Φίλη, τὴν παῖδα τὴν ἄνω κείνην
βλέπουσαν ἐς τὸ μῆλον· οὐκ ἐρεῖς αὐτήν
ἢν μὴ λάβηι τὸ μῆλον ἐκ τάχα ψύξει⟨ν⟩;

30 ⟨ΦΙ.⟩   κεῖνον δέ, Κυννοῖ, τὸν γέροντ' —

⟨ΚΥ.⟩   ἆ πρὸς Μοιρέων
τὴν χηναλώπεκ' ὡς τὸ παιδίον πνίγει.
πρὸ τῶν ποδῶν γοῦν εἴ τι μὴ λίθος, τοὔργον,
ἐρεῖς, λαλήσει. μᾶ, χρόνωι κοτ' ὤνθρωποι
κῆς τοὺς λίθους ἔξουσι τὴν ζοὴν θεῖναι.

35 col. 21 (ΦΙ.)   τὸν Βατάλης γὰρ τοῦτον οὐκ ὁρῆις, Κυννοῖ,
ὅκως βέβηκεν ἀνδρ[ι]άντα τῆς Μυττέω;
εἰ μή τις αὐτὴν εἶδε Βατάλην, βλέψας
ἐς τοῦτο τὸ εἰκόνισμα μὴ ἐτύμης δείσθω.

(ΚΥ.)   ἕπευ, Φίλη, μοι καὶ καλόν τί σοι δείξω
40   πρῆγμ' οἷον οὐκ ὤρηκας ἐξ ὅτευ ζώεις.
Κύδιλλ', ἰοῦσα τὸν νεωκόρον βῶσον.
οὐ σοὶ λέγω, αὕτη, τῆι ὧδε κὦδε χασκεύσηι;
μᾶ, μή τιν' ὤρην ὦν λέγω πεποίηται,

20 υγιησ | μᾶ, · sup. μ ‖ 21 +τισ ‖ 23 ουχ | κινα ‖ 24 +τα ‖ 25 ιη ‖ 28 ερισ ‖ 29 ψυξι ‖ 30 +δε | γεροντά ‖ 31 χηναλωπεκα ‖ 32 / ad init. | ι ‖ 33 ερισ | λαλησι | +μα ‖ 34 θιναι ‖ 34/35 paragr. ‖ 35 ουχ | ορησ ‖ 37 ιδε ‖ 38 ικονισμα, ε sup. ι alt. ‖ +μη | δισθω | 38/39 paragr. ‖ 39 διξω ‖ 40 ουχ | ζωισ ‖ 41 κυδιλλ' ‖ 42 +αύτη | χωδε ‖ 43 +μη | τίν, ' del.

20 ⟨ΦΙ.⟩ Kalinka | μᾶ, · sup. μ (expl. Deubner) ‖ 21 τον, η sup. ο ‖ 22 ἐπο⟨ί⟩ει Ken.[1] ‖ 24 αὐτήν Rich.[2] αυτα ‖ 25 ⟨ΦΙ.⟩ Sitzler[6] ‖ 26 Εὐθίηι Ruth. Bla.[1] Kai.[1] ενθιησ ‖ 27 ⟨ΚΥ.⟩ Weil[3] | κειμενην, ·· sup. με ‖ 29 ψύξει⟨ν⟩ Ruth. ‖ 30 ⟨ΦΙ.⟩ et ⟨ΚΥ.⟩ Hertling | γεροντά diuisit Knox[1] ‖ 33 κρονωι, χ sup. κ ‖ 35 (ΦΙ.) Hertling ‖ 36 οπωσ, κ sup. π | βε.__ε. suppl. Bla.[1] Dan. Hardie Weil[1] | Μυττέω Nairn[4] Μύττεω uulg. ‖ 37 .σ_.την suppl. Hicks Ruth. ‖ 38 ετ__η, σ sup. η; suppl. Tyrrell[1] ἑτέρης Kai.[1] Rich.[1] ‖ 40 ὅτευ Ruth. οτου ‖ 41 νεωκ__ον, nescioqu. sup. __; suppl. Ken.[1] ‖ 42 χασκούσηι Ruth. Bla.[1] Kai.[1]

4. ΑΣΚΛΗΠΙΩΙ ΑΝΑΤΙΘΕΙΣΑΙ ΚΑΙ ΘΥΣΙΑΖΟΥΣΑΙ

ἔστηκε δ᾽ εἷς μ᾽ ὀρεῦσα καρκίνου μέζον.
ἰοῦσα, φημί, τὸν νεωκόρον βῶσον.   45
λαίμαστρον, οὔτ᾽ ὀργή σε κρηγύην οὔτε
βέβηλος αἰνεῖ, πανταχῆι δ᾽ ἴσῃ κεῖσαι.
μαρτύρομαι, Κύδιλλα, τὸν θεὸν τοῦτον,
ὡς ἔκ με κα⟨ί⟩εις οὐ θέλουσαν ῥιδῆσαι·
μαρτύρομαι, φήμ᾽· ἔσσετ᾽ ἡμέρη κείνη   50
ἐν ἧι τὸ βρέγμα τοῦτο †τωυσυρες† κνήσηι.

(ΦΙ.)   μὴ πάντ᾽ ἐτοίμως καρδιηβολεῦ, Κυννοῖ·
δούλη ᾽στι, δούλης δ᾽ ὦτα νωθρίη θλίβει.   col. 22

(ΚΥ.)   ἀλλ᾽ ἡμέρη τε κἠπὶ μέζον ὠθεῖται·
αὕτη σύ, μεῖνον· ἢ θύρη γὰρ ὤϊκται   55
κἀνεῖτ᾽ ὁ παστός.

⟨ΦΙ.⟩   οὐκ ὀρῆις, φίλη Κυννοῖ;
οἳ᾽ ἔργα κεῖ ᾽νῆν· ταῦτ᾽ ἐρεῖς Ἀθηναίην
γλύψαι τὰ καλά — χαιρέτω δὲ δέσποινα.
τὸν παῖδα δὴ ⟨τὸν⟩ γυμνὸν ἢν κνίσω τοῦτον
οὐκ ἕλκος ἕξει, Κύννα; πρὸς γάρ οἱ κεῖνται   60
αἱ σάρκες οἷα †θερμα† πηδῶσαι
ἐν τῆι σανίσκηι. τὠργύρευν δὲ πύραυστρον
οὐκ ἦν ἴδηι Μύελλος ἢ Παταικίσκος
ὁ Λαμπρίωνος, ἐκβαλεῦσι τὰς κούρας
δοκεῦντες ὄντως ἀργύρευν πεποιῆσθαι;   65

---

46 λαίμαστρον | +οντ ‖ 47 αινι | κισαι ‖ 49 καισ ‖ 50 / ad init. | φιμι |
+εσσετ ‖ 51/52 paragr. ‖ 52 πανθ ‖ 53 +δουλησ | θλιβει, · sup. ε ‖ 53/54 paragr. ‖
54 ωθιται ‖ 55 +μινον | +η ‖ 56 κᾱνεῑθ | ουχ ‖ 57 +κόινην | εqισ ‖ 58 +χαι-
ρετω ‖ 59 +γυμνον ‖ 60 ουχ | εξι | κύννα | +προσ | κιντaι ‖ 62 πύρᾶστον ‖
63 ιδη

47 δι. suppl. Pal.² Bla.³ (paene certo) δ᾽ (ε)ἰκῆ Cru.¹⁹ᵇ δ᾽ ἀργὴ Weil¹ ‖ 48 θ.
suppl. Ken.¹ ‖ 49 κα⟨ί⟩εις Mei.⁴ ‖ 50 φημί Ruth. φιμι | ἡμέρη κείνη Pal.¹
ημερηικεινηι, · sup. ε alt. ‖ 51 ηι, ι del. | τωυσυρεσ uel τωυσυρισ, nescioqu. sup. σ
alt. τῶυσυρὲς Bla.¹ Dan. τωὐσυρὸν Cru.⁶ τωῦ Σύρος Mei.⁴ τωῦ συρεῒς Bla.³ Dan. ‖
52 (ΦΙ.) Sitzler⁶ | καρδιηβολεῦ Hea.¹² (-οῦ iam Paton) καρδιηβαλλει, sup. λ alt.
et ρ. sup. ει (si quid sup. α alt. scriptum esset, nunc uideri nequiret); καρδιηβαλληι
legi nequit καρδίηι βαλεῦ Kai.¹ (βάλλευ Hea. olim βάληι Bla.¹) ‖ 54 (ΚΥ.)
Bue.² ‖ 56 ⟨ΦΙ.⟩ Kalinka ‖ 57 κοινην, ᾽ ut uid. sup. ο (longius puncto solito,
breuius tamen accentu acuto, qui etiam sensu careret) expl. Die.¹ Rich.¹ κεῖν᾽ -
ἤν Ruth. κεῖν᾽ ἤν ci. Hea.¹² κείνην Dan. καὶ μὴν Verdenius² (de κοινὴν et και-
νὴν [Ell.¹] uid. Hea.¹²) ‖ 59 ⟨τὸν⟩ Ken.¹ ‖ 60 Κυννί Ruth. ‖ 61 θερμα alt. sscr.
m. rec. θερμ⟨ὸν αἷμ⟩α Sta.⁵ ‖ 62 πύραυστρον Vollgraff πύρᾶστον, ρ sup. τ ‖
63 μυλοσ, ελ sup. υλ | ἴδησι Μύλλος Hea.⁷

15

HERODAS

ὁ βοῦς δὲ κὠ ἄγων αὐτὸν ἤ τ᾽ ὁμαρτεῦσα
κὠ γρυπὸς οὗτος κὠ ἀνάσιλλος ἄνθρωπος
οὐχὶ ζοὴν βλέπουσι κἠμέρην πάντες;
εἰ μὴ ἐδόκευν τι μέζον ἢ γυνὴ πρήσσειν,
70   ἀνηλάλαξ᾽ ἄν, μή μ᾽ ὁ βοῦς τι πημήνηι·
col. 23   οὕτω ἐπιλοξοῖ, Κυννί, τῆι ἑτέρηι κούρηι.
(ΚΥ.)   ἀληθιναί, Φίλη, γὰρ αἱ Ἐφεσίου χεῖρες
ἐς πάντ᾽ Ἀπελλέω γράμματ᾽· οὐδ᾽ ἐρεῖς ᾽κεῖνος
ὤνθρωπος ἒν μὲν εἶδεν, ἒν δ᾽ ἀπηρνήθη᾽,
75   ἀλλ᾽ ὧι ἐπὶ νοῦν γένοιτο καὶ θέων ψαύειν
ἠπείγετ᾽. ὃς δ᾽ ἐκεῖνον ἢ ἔργα τὰ ἐκείνου
μὴ παμφαλήσας ἐκ δίκης ὀρώρηκεν,
ποδὸς κρέμαιτ᾽ ἐκεῖνος ἐν γναφέως οἴκωι.
(ΝΕ.)   κάλ᾽ ὑμῖν, ὦ γυναῖκες, ἐντελέως τὰ ἱρά
80   καὶ ἐς λῶιον ἐμβλέποντα· μεζόνως οὔτις
ἠρέσατο τὸν Παιήον᾽ ἤπερ οὖν ὑμεῖς.
ἰὴ ἰὴ Παίηον, εὐμενὴς εἴης
καλοῖς ἐπ᾽ ἱροῖς τῆισδε κεἴ τινες τῶνδε
ἔασ᾽ ὀπυιηταί τε καὶ γενῆς ἄσσον.
85   ἰὴ ἰὴ Παίηον, ὧδε ταῦτ᾽ εἴη.
⟨ΚΥ.⟩   εἴη γάρ, ὦ μέγιστε, κὐγίηι πολλῆι
ἔλθοιμεν αὖτις μέζον᾽ ἰρ᾽ ἀγινεῦσαι
σὺν ἀνδράσιν καὶ παισί. Κοκκάλη, καλῶς
τεμεῦσα μέμνεο τὸ σκελύδριον δοῦναι
90 col. 24   τῶι νεωκόρωι τοὔρνιθος· ἔς τε τὴν τρώγλην
τὸν πελανὸν ἔνθες τοῦ δράκοντος εὐφήμως,
καὶ ψαιστὰ δεῦσον· τἄλλα δ᾽ οἰκίης ἔδρηι

---

66 χο | ϑ ‖ 67 / ad init. | χω (pr.) ‖ 68 ζό+ην ‖ 69 μεζο+ν+η | πρηϲϲιν ‖
70 αν, punct. sub α | πημήνηι ‖ 71/72 paragr. ‖ 72 χιρεϲ, ι corr. ex ε ‖ 73 εριϲ |
κινοϲ ‖ 74 ιδεν | +εν ‖ 75 ψανιν | 76 / ad init. | ηπιγεϑ | εκινον | έργα ‖
78/79 paragr. ‖ 79 ἴρα | 81 υμειϲ, · sup. ε ‖ 82 ιηϲ ‖ 83 / ad init., sed del. |
+κι ‖ 85 (fin.) ιη ‖ 86 ιη | χυγιηι ‖ 88 +κοτταλη ‖ 88/89 paragr. ‖ 90 +εϲ ‖
91 πέλανον | +του ‖ 92 +ταλλα

66 χὼ Ruth. χο ‖ 67 ουτοϲουκ, ουκ del. et ˙˙˙ sup. | ␣αϲιμοϲ, λλ sup. μ (cuius
forma inusitata) ‖ 68 βλέπουσι χἠμέρην Hicks βλεπουϲινημερην ‖ 69 ἐδόκευν
Ruth. εδοκουν | τι: ἂν Hea.[7] | πρήξειν Rich.[2] ‖ 71 οὕτω Kai.[1] Ruth. ουτωϲ ‖
74 εἶλεν Pal.[2] εἶχεν Weil[1] ‖ 75 ὧι = ὅ οἱ expl. Paton | θέων Ell.[1] θεῶν uulg. ‖
76 τα sscr. m. alt. ‖ 79 εντελεωϲ (ι potius quam σ), ι del. et ˙ sscr. ‖ 80 μεζονω, σ
sup. ω ‖ 83 εμπροιϲ, μ del. et ι sup. π | τῆισδε Cun.[5] ταιϲδε ‖ 86 ⟨ΚΥ.⟩ Herzog[11]
⟨ΦΙ.⟩ Sitzler[6] | χὐγίηι Ruth. χυγιηι ‖ 88 Κοκκάλη Ruth. κοτταλη; antea fort.
(ΦΙ.) uel (ΚΥ.) ‖ 89 τεμοῦσα Bla.[1] ‖ 90 νεωκόρωι Kai.[1] Ruth. νεοκορωι

16

5. *ΖΗΛΟΤΥΠΟΣ*

δαισόμεθα, καὶ ἐπὶ μὴ λάθηι φέρειν, αὕτη,
τῆς ὑγιίης †λωι† πρόσοδος· ἦ γὰρ ἱροῖσιν
†με.ων αμαρτιησηνυγιηστι† τῆς μοίρης.   95

5. *ΖΗΛΟΤΥΠΟΣ*

(*BI.*)	λέγε μοι σύ, Γάστρων, ἤδ᾿ ὑπερκορὴς οὕτω
	ὥστ᾿ οὐκέτ᾿ ἀρκεῖ τἀμά σοι σκέλεα κινεῖν
	ἀλλ᾿ Ἀμφυταίηι τῆι Μένωνος ἔγκεισαι;
(*ΓΑ.*)	ἐγὼ Ἀμφυταίηι; τὴν λέγεις ὀρώρηκα
	γυναῖκα; 5
⟨*BI.*⟩	προφάσις πᾶσαν ἡμέρην ἕλκεις.
⟨*ΓΑ.*⟩	Βίτιννα, δοῦλός εἰμι· χρῶ ὅτι βούληι ⟨μοι⟩
	καὶ μὴ τό μευ αἷμα νύκτα κἠμέρην πῖνε.
(*BI.*)	ὅσην δὲ καὶ τὴν γλάσσαν, οὗτος, ἔσχηκας.
	Κύδιλλα, κοῦ ᾿στι Πυρρίης, κάλει μ᾿ αὐτόν.
(*ΠΥ.*)	τί ἐστι; 10
⟨*BI.*⟩	τοῦτον δῆσον − ἀλλ᾿ ἔτ᾿ ἔστηκας; −
	τὴν ἱμανήθρην τοῦ κάδου ταχέως λύσας.
	ἢν μὴ κατακίσασα τῆι σ᾿ ὅληι χώρηι col. 25
	παράδειγμα θῶ, μᾶ, μή με θῆις γυναῖκ᾿ εἶναι.
	ἦρ᾿ οὐχὶ μᾶλλον Φρύξ; ἐγὼ αἰτίη τούτων,
	ἐγῶιμι, Γάστρων, ἤ σε θεῖσ᾿ ἐν ἀνθρώποις. 15
	ἀλλ᾿ εἰ τότ᾿ ἐξήμαρτον, οὐ τὰ νῦν εὖσαν
	μώρην Βίτινναν, ὡς δοκεῖς, ἔτ᾿ εὑρήσεις.

5 Bitinna seruo Pyrrhiae imperat ut Gastronem seruum et amatorem suum puniendum curet; pro eo orat Cydilla ancilla filiae similis, bono euentu. scena: Bitinnae domus

93 +καὶ | λαθη | φερ ιν ‖ post 95 coronis ‖ 2 αρκι | κινιν ‖ 3 εγκισαι ‖ 3/4 paragr. ‖ 5 προφασῖσ | ελκισ ‖ 6 βίτιννα | +δουλοσ | ιμι | βουλι ‖ 7/8 paragr. ‖ 9 +ᾱου | καλι ‖ 9/10 paragr. ‖ 10 +τουτον | εθ ‖ 13 παραδιγμα | ιναι ‖ 15 εγῶιμι | θεισα, · sup. ε ‖ 16 ι ‖ 17 μῶραν | δοκισ, ι corr. ex ε | εθ | ευρησισ

94 δωι, λ sup. δ m. alt.; nondum expl. ‖ 95 μεθων uel μεσων (uulg. μέζων uix legi potest) | μεθ᾿ (leg. μετ᾿) ὦν ἁμαρτεῖ (Mei.[4]) ἦσ⟨ίς⟩ {ἢ ὑγίη} ⟨ἐ⟩στι Cun.[5] (υγῑη contra metrum) ‖ 1 εῖ (leg. εἴ⟨ς⟩) δ᾿ Bue.[2] ‖ 4 Ἀμφυταίηι Jackson[1] αμφυταιην | τηνμενωνορ-, m. alt. μ del. et λ sscr., νων del. et γεισ sscr., ρ fort. ex σ corr. ‖ 5 ἡμέρην Ruth. ημεραν ‖ 6 βούληι Mei.[4] βουλι | ⟨μοι⟩ Bla.[1] Bue.[1] ‖ 8 ὅσσην in uers. eodem 3, 84 ‖ 9 που, κ sup. π | μοι, μο del. et στ sscr. ‖ 11 τουτον, του alt. del. ‖ 13 θῶμα⟨ι⟩ Vogliano[3] ‖ 14 ηρ corr. ex ειρ ‖ 17 μώρην Bla.[2] μῶραν

17

φέρ᾽, εἶς σύ, δῆσον, τὴν ἀπληγίδ᾽ ἐκδύσας.

(ΓΑ.) μὴ μή, Βίτιννα, τῶν σε γουνάτων δεῦμαι.

20 (ΒΙ.) ἔκδυθι, φημί. δεῖ σ᾽ ὀτεύνεκ᾽ εἰ⟨ς⟩ δοῦλος
καὶ τρεῖς ὑπέρ σευ μνᾶς ἔθηκα γινώσκειν.
ὡς μὴ καλῶς γένοιτο τἠμέρηι κείνηι
ἥτις σ᾽ ἐσήγαγ᾽ ὧδε. Πυρρίη, κλαύσηι·
ὁρῶ σε δήκου πάντα μᾶλλον ἢ δεῦντα·

25 σύσσφιγγε τοὺς ἀγκῶνας, ἔκπρισον δήσας.

(ΓΑ.) Βίτινν᾽, ἄφες μοι τὴν ἁμαρτίην ταύτην.
ἄνθρωπός εἰμ᾽, ἥμαρτον· ἀλλ᾽ ἐπὴν αὖτις
ἕλῃς τι δρῶντα τῶν σὺ μὴ θέλῃς, στίξον.

(ΒΙ.) πρὸς Ἀμφυταίην ταῦτα, μὴ ᾽μὲ πληκτίζευ,

30 col. 26 μετ᾽ ἧς ἀλινδῆι καὶ εμ...η προδόψηστρον.

⟨ΠΥ.⟩ δέδεται καλῶς σοι.

⟨ΒΙ.⟩   μὴ λάθηι λυθεὶς σκέψαι.
ἄγ᾽ αὐτὸν εἰς τὸ ζήτρειον πρὸς Ἕρμωνα
καὶ χιλίας μὲν ἐς τὸ νῶτον ἐγκόψαι
αὐτῶι κέλευσον, χιλίας δὲ τῆι γαστρί.

35 (ΓΑ.) ἀποκτενεῖς, Βίτιννα, μ᾽ οὐδ᾽ ἐλέγξασα
εἴτ᾽ ἔστ᾽ ἀληθέα πρῶτον εἴτε καὶ ψευδέα;

(ΒΙ.) ἃ δ᾽ αὐτὸς εἶπας ἄρτι τῆι ἰδίηι γλάσσηι,
Ϝίτινν᾽, ἄφες μοι τὴν ἁμαρτίην ταύτην᾽;

(ΓΑ.) τήν σευ χολὴν γὰρ ἤθελον κατασβῶσαι.

40 (ΒΙ.) ἔστηκας ἐμβλέπων σύ, κοὐκ ἄγεις αὐτόν
ὅκου λέγω σοι; θλῆ, Κύδιλλα, τὸ ῥύγχος

---

32 EM 411,33 ζήτρειον· ... εὕρηται δὲ καὶ διὰ τοῦ ι συνεσταλμένον· καὶ παρὰ
Ἡροδότωι (Ἡρώδηι Hemsterhuys) ἄγ᾽ αὐτὸν εἰς τὸ ζήτρειον. ἔστι δὲ χορίαμβον
(χωλίαμβον Zonar.) τὸ μέτρον

18 ισ | +ᵌδῦσον ‖ 18/19 paragr. ‖ 19/20 paragr. ‖ 20 +δι | ᷅ὀτευνεκ | ι, corr.
ex ε ‖ 21 τρισ | γινωισκιν ‖ 22 κινηι ‖ 23 κλαυσι ‖ 25 +εκπρισον ‖ 25/26 paragr. ‖
26 βιτιννα | 27 ιμι | +αλλ | 28 +δρωντα ‖ 28/29 paragr. ‖ 30 μεθ | αλινδῖ ‖
31 +μεθ᷁ | λαθη | λυθισ ‖ 33 +εσ ‖ 34 +χιλιασ ‖ 34/35 paragr. ‖ 36 ιτ | ει+
τε ‖ 36/37 paragr. ‖ 37 ιπασ, ε sup. ι m. alt. ‖ 38/39 paragr. ‖ 39 +κατασβωσαι ‖
39/40 paragr. ‖ 40 αγισ ‖ 41 +οδῆ

18 ἶσ expl. Ell.[1] | δυσον, η sup. υ ‖ 19 δεῦμαι Ruth. Bla.[1] δουμαι ‖ 20 εἰ⟨ς⟩
Ruth. ‖ 21 μν⟨ἐ⟩ας Ruth. ‖ 23 κλαύσηι Mei.[4] κλαυσι ‖ 25 σύσσφιγγε Bue.[2]
συγσφιγγε ‖ 26 αμαρτιαν, η sup. α tert. ‖ 30 ἀλινδῆι Mei.[4] αλινδῖ | ἐμέ ueri simile;
tum κρη (Edm.[1]), χρὴ (Milne ap. Knox[3], qui lac. stat.) legi possunt (superficies
papyri hic plena paruis foraminibus est, quae atramentum simulant) ‖ 31 μεθ, ·
sup. ε et θ, et η sscr. ‖ 32 ζήτριον Ruth. ‖ 33 τὸ Ruth. Bla.[1] τον ‖ 37 ἰδίηι
Bue.[2] Herw.[2] ιδιαι ‖ 41 θλῆ Hea.[1] Hicks Ell.[1] οδῆ

18

5. ΖΗΛΟΤΥΠΟΣ

τοῦ παντοέρκτεω τοῦδε. καὶ σύ μοι, Δρήχων,
ἤδη ᾿φαμάρτει ⟨τῆι⟩ σοι ἂν οὗτος ἡγῆται.
δώσεις τι, δούλη, τῶι κατηρήτωι τούτωι
ῥάκος καλύψαι τὴν ἀνώνυμον κέρκον,   45
ὡς μὴ δι᾿ ἀγορῆς γυμνὸς ὢν θεωρῆται.
τὸ δεύτερόν σοι, Πυρρίη, πάλιν φωνέω,
ὅκως ἐρεῖς Ἔρμωνι χιλίας ὦδε
καὶ χιλίας ὦδ᾿ ἐμβαλεῖν· ἀκήκουκας;   col. 27
ὡς ἤν τι τούτων ὦν λέγω παραστείξηις,   50
αὐτὸς σὺ καὶ τἀρχαῖα καὶ τόκους τείσεις.
βάδιζε καὶ μὴ παρὰ τὰ Μικκάλης αὐτόν
ἄγ᾿, ἀλλὰ τὴν ἰθεῖαν. εὖ δ᾿ ἐπεμνήσθην —
κάλει, κάλει δραμεῦσα, πρὶν μακρήν, δούλη,
αὐτο⟨ὺ⟩ς γενέσθαι.   55
(ΚΥ.)   Πυρρίης, τάλας, κωφέ,
καλεῖ σε. μᾶ, δόξει τις οὐχὶ σύνδουλον
αὐτὸν σπαράσσειν ἀλλὰ σημάτων φῶρα.
ὁρῆις ὅκως νῦν τοῦτον ἐκ βίης ἕλκεις
ἐς τὰς ἀνάγκας, Πυρρίη; ⟨σ⟩έ, μᾶ, τούτοις
τοῖς δύο Κύδιλλ᾿ ἐπόψετ᾿ ἡμερέων πέντε   60
παρ᾿ Ἀντιδώρωι τὰς Ἀχαϊκὰς κείνας,
ἃς πρῶν ἔθηκας, τοῖς σφυροῖσι τρίβοντα.
(ΒΙ.) οὗτος σύ, τοῦτον αὖτις ὦδ᾿ ἔχων ἧκε
δεδεμένον οὕτως ὥσπερ ἐξάγεις αὐτόν,
Κόσιν τέ μοι κέλευσον ἐλθεῖν τὸν στίκτην   65
ἔχοντα ῥαφίδας καὶ μέλαν. μιῆι δεῖ σε
ὁδῶι γενέσθαι ποικίλον. κατηρτήσθω   col. 28
οὕτω κατάμνος ὥσπερ ἡ Δάου τιμή.
(ΚΥ.) μή, τατί, ἀλλὰ νῦν μὲν αὐτόν — οὕτω σοι

---

42 +και ‖ **43** φαμαρτι | ου+τοσ ‖ **44** δωσισ ‖ **48** ερισ ‖ **49** εμβαλιν | +ακη-
κουκᾶσ ‖ **50** παραστιξηισ ‖ **51** τισισ ‖ **52** +και ‖ **53** +αλλα | ιθιαν ‖ **54** καλικαλι ‖
55 +πυρριησ ‖ **56** καλι, ι fort. ex corr. ‖ +μα | δοξι ‖ **56/57** paragr. (debuit
55/56) ‖ **57** σπαραττιν | +αλλα ‖ **58** ελκισ ‖ **59** / ad init. | +εμα ‖ **60** εποψεθ ‖
61 αχαικασ | κινασ ‖ **62/63** paragr. ‖ **64** εξαγισ ‖ **65** ελθιν ‖ **66** +μιηι | δῖ, ι corr.
ex ε ‖ **67** +κατηρτησθω ‖ **68** +η ‖ **68/69** paragr. ‖ **69** τατί | +αλλα

42 τουτο, το del. et δε sscr. ‖ **43** ⟨τῆι⟩ σοι ἂν Dan.   σοιεαν -ς οἶ σ᾿ ἂν Bla.[1] ‖
44 κατηρήτωι Schmidt[1] ‖ **53** εὖ Cun.[7]   ου | ὑπεμνήσθην Hea.[7] ‖ **54** δραμοῦσα
Herw.[2] ‖ **55** αὐτο⟨ὺ⟩ς Bla.[1] Bue.[1] Kai.[1] Rich.[1] | Πυρρίην Ruth. | τάλης Knox[1] ‖
56 δουλον, συν sscr. ‖ **57** σπαράσσειν Ruth.   σπαραττιν ‖ **59** ⟨σ⟩έ Bla.[1] Weil[1] ‖
60 τοῖς Bla.[1] Weil[1]   τουσ ‖ **63** (ΒΙ.) Bue.[2] | ανθισ, τ sup. ϑ ‖ **66** ραφιδασ, φ corr.
ex (?) δ ‖ **69** σω, οι sup. ω m. alt.

19

70 ζώιη Βατυλλὶς κηπίδοις μιν ἐλθοῦσαν
ἐς ἀνδρὸς οἶκον καὶ τέκν' ἀγκάλης ἄραις –
ἄφες, παραιτεῦμαί σε· τὴν μίαν ταύτην
ἁμαρτίην . . .

(ΒΙ.) Κύδιλλα, μή με λύπει τι
ἢ φεύξομ' ἐκ τῆς οἰκίης. ἀφέω τοῦτον
75 τὸν ἑπτάδουλον; καὶ τίς οὐκ ἀπαντῶσα
ἔς μευ δικαίως τὸ πρόσωπον ἐμπτύοι;
οὐ τὴν Τύραννον, ἀλλ' ἐπείπερ οὐκ οἶδεν,
ἄνθρωπος ὤν, ἑωυτόν, αὐτίκ' εἰδήσει
ἐν τῶι μετώπωι τὸ ἐπίγραμμ' ἔχων τοῦτο.
80 (ΚΥ.) ἀλλ' ἔστιν εἰκὰς καὶ Γερήνι' ἐς πέμπτην.
(ΒΙ.) νῦν μέν σ' ἀφήσω, καὶ ἔχε τὴν χάριν ταύτηι,
ἢν οὐδὲν ἧσσον ἢ Βατυλλίδα στέργω,
ἐν τῆισι χερσὶ τῆις ἐμῆισι θρέψασα.
ἐπεὰν δὲ τοῖς καμοῦσιν ἐγχυτλώσωμεν
85 col. 29 ἄξεις τότ' ἀμελι⟨τί⟩τιν ἑορτὴν ἐξ ἑορτῆς.

6. ΦΙΛΙΑΖΟΥΣΑΙ Η ΙΔΙΑΖΟΥΣΑΙ

(ΚΟ.) κάθησο, Μητροῖ. τῆι γυναικὶ θὲς δίφρον
ἀνασταθεῖσα· πάντα δεῖ με προστάσσειν
αὐτήν· σὺ δ' οὐδὲν ἄν, τάλαινα, ποιήσαις
αὐτὴ ἀπὸ σαυτῆς· μᾶ, λίθος τις, οὐ δούλη
5 ἐν τῆι οἰκίηι ⟨κ⟩εῖσ'· ἀλλὰ τἄλφιτ' ἢν μετρέω
τὰ κρίμν' ἀμιθρεῖς, κἢ⟨ν⟩ τοσοῦτ' ἀποστάξηι

---

74 ἀφέω – 75 ἑπτάδουλον Eust. in Od. 5, 306 (p. 1542, 50) ‖ 6 Corittus domum uisitat Metro, ut de illius baubone et fabricatore Cerdone certior fiat. scena: Corittus domus, ueri similiter in Ionia

70 +κηπιδοισ ‖ 71 αγκαλαισ ‖ 73/74 paragr. ‖ 74 +αφεω ‖ 75 +και ‖ 78 ιδησι ‖ 79 μετωπω | επιγραμμα ‖ 79/80 paragr. ‖ 80 ικασ ‖ 80/81 paragr. ‖ 83 εμησι ‖ 85 αξισ ‖ post 85 coronis ‖ tit. +η ‖ 1 +τηι | γυναι+κι ‖ 2 προσταττιν ‖ 3 +συ | ουδέν ut uid. ‖ 4 +μᾶ ‖ 5 +αλλα ‖ 6 +κη

70 μιν Ruth. Bla.[1]   μεν ‖ 71 ἀγκάληις Cun.[5]   αγκαλαισ ‖ 73 με λύπει τι Pal.[2] λυπιτεμε   με λυπεῖτε Ruth. ‖ 77 ουτην leg. Dan. Pal.[1] | ἐπείπερ Ken.[1]   επεπειπερ, π alt. corr. ex ι ‖ 80 εστιν, ιν corr. ex αλ uel ω | κἀγρυήνι' Schulze[2] ‖ 82 ἧσσον Hicks   ηττον ‖ 85 ἀμελι⟨τί⟩τιν Hea.[7]   αμ.λιτ.. ἀμέλ(ε)ι τὴν Hicks ‖ 1 κάθησο improb. Mastromarco[1] | ὄθεσ, ὃ del., ϑ corr. ex o, ε fort. corr. ex σ ‖ 2 προσσειν Ruth.   προσταττιν ‖ 5 ⟨κ⟩εῖσ' Rich.[1] | μετρεω, η· sup. εω ‖ 6 κἢν – ἀποστάξηι Ruth. Kai.[1] Bla.[1]   κη – αποσταξει   κὴ – ἀποστάζει Cru.[17]

20

6. ΦΙΛΙΑΖΟΥΣΑΙ Η ΙΔΙΑΖΟΥΣΑΙ

τὴν ἠμέ[ρ]ην ὅλην σε τονθορύζουσαν
καὶ πρημογῶσαν οὐ φέρουσιν οἱ τοῖχοι.
νῦν αὐτὸν ἐκμάσσεις τε καὶ ποεῖς λαμπρόν
ὅτ᾽ ἐστὶ χρ[εί]η, ληιστρί; θύέ μοι ταύτηι   10
ἐπεί σ᾽ ἔγεγς᾽ ἂν τῶν ἐμῶν ἐγὼ χειρέων.

(ΜΗ.) φίλη Κοριττοῖ, ταῦτ᾽ ἐμοὶ ζυγὸν τρίβεις·
κἠγὼ ἐπιβρύχουσ᾽ ἠμέρην τε καὶ νύκτα
κύων ὑλακτέω τῆι[ς] ἀνωνύμοις ταύτης.
ἀλλ᾽ οὔνεκεν πρός σ᾽ ἦλ[θ]ον — ἐκποδὼν ἦμιν   15
φθείρεσθε, νώβυστρ᾽, ὦτ[α] μοῦνον καὶ γλάσσαι,
τὰ δ᾽ ἄλλ᾽ ἑορτή — λίσσομαί [σ]ε, μὴ ψεύσηι,
φίλη Κοριττοῖ, τίς κοτ᾽ ἦν ὅ σοι ῥάψας   col. 30
τὸν κόκκινον βαυβῶνα;

(ΚΟ.)   κοῦ δ᾽ ὀρώρηκας,
Μητροῖ, σὺ κεῖνον;   20

(ΜΗ.)   Νοσσὶς ε[ῖ]χεν ἠρίννης
τριτημέρηι νιν· μᾶ, καλόν τι δώρημα.

(ΚΟ.) Νοσσίς; κόθεν λαβοῦσα;

(ΜΗ.)   διαβαλεῖς ἤν σοι
εἴπω;

(ΚΟ.)   μὰ τούτους τοὺς γλυκέας, φίλη Μητροῖ,
ἐκ τοῦ Κοριττοῦς στόματος οὐδεὶς μὴ ἀκούσηι
ὅσ᾽ ἂν σὺ λέξηις.   25

(ΜΗ.)   ἡ Βιτᾶδος Εὐβούλη
ἔδωκεν αὐτῆι καὶ εἶπε μηδέν᾽ αἰσθέσθαι.

(ΚΟ.) γυναῖκες. αὕτη μ᾽ ἠ γυνή κοτ᾽ ἐκτρίψει.
ἐγὼ μὲν αὐτὴν λιπαρεῦσαν ἠιδέσθην
κἤδωκα, Μητροῖ, πρόσθεν ἢ αὐτὴ χρήσασθαι·

7 +σε ‖ 8 +φερουσιν ‖ 9 εκμασσισ | ποισ ‖ 10 χρ[ι]η | +ληστρι+θυε ‖
11 χειρων, · sup. ε et ε sup. ω ‖ 11/12 paragr. ‖ 12 +ταυτ | τριβεις, · sup. ε ‖
13 επιβρυχουσα ‖ 15 +εκποδων ‖ 16 φθιρεσθε | νωβυστρα | +ω.[.] ‖ 17 +λισσο-
μαι ‖ 18 +τισ ‖ 19 +κον ‖ 19/20 paragr. ‖ 20 κινον | +νοσσισ | 20/21 paragr. ‖
21 τριτημερη | +μα ‖ 21/22 paragr. ‖ 22 +κοθεν | +διαβαλισ ‖ 22/23 paragr. ‖
23 +μα ‖ 23/24 paragr. ‖ 24 ουδεισ, · sup. ε ‖ 25 + ῆ | βιτᾶτοσ ‖ 25/26 paragr. ‖
26/27 paragr. ‖ 27 εκτριψι

10 χρ[.]η suppl. Bla.[1] Bue.[1] Dan. Hea.[2] Jackson[1] Kai.[1] ‖ 11 εγε.. suppl. Ruth.
Bla.[1] Kai.[1] | χειρων, · sup. ε et ε sup. ω ‖ 13 επι, επ corr. ex η dum scribit ‖
14 τῆι[ς] — ταύτηις Ruth. ται[.] — ταυταισ ‖ 15 ⟨ΚΟ.⟩ ἐκποδὼν et 17 ⟨ΜΗ.⟩
λίσσομαι Jevons[1] Pearson ‖ 16 ω.[.] suppl. Hicks ‖ 17 ἑορτή Bla.[1] Dan. εορτηι ‖
18 κοτ᾽ Ruth. ποτ ‖ 19 κοκκινον, ν pr. del. et κ sscr. ‖ 21 μιν Ruth. ‖ 22 (ΚΟ.)
Dan. ‖ 25 Βιτᾶδος Schulze[1] βιτᾶτοσ ‖ 27 κοτ᾽ Ruth. Bla.[1] ποτ

30 ἢ δ᾽ ὥ⟨σ⟩περ εὕρημ᾽ ἀρπάσα⟨σα⟩ δωρεῖται
   καὶ τῆισι μὴ δεῖ. χαιρέτω φίλη πολλά
   ἐοῦσα τοίη, κἠτέρην τιν᾽ ἀντ᾽ ἡμέων
   φίλην ἀθρείτω. τἀμὰ Νοσσίδι χρῆσαι
   τῆι μὴ δοκέω — μέζον μὲν ἢ δίκη γρύζω,
35   λάθοιμι δ᾽, Ἀδρήστεια — χιλίων εὔντων
   ἕν᾽ οὐκ ἂν ὅστις σαπρός ἐστι προσδώσω.

(ΜΗ.) μὴ δή, Κοριττοῖ, τὴν χολὴν ἐπὶ ῥινός   col. 31
   ἔχ᾽ εὐθύς, ἤν τι ῥῆμα μὴ καλὸν πεύθηι.
   γυναικός ἐστι κρηγύης φέρειν πάντα.
40   ἐγὼ δὲ τούτων αἰτίη λαλεῦσ᾽ εἰμι
   πόλλ᾽, ἀ⟨λλὰ⟩ τήν μευ γλάσσαν ἐκτεμεῖν δεῖται.
   ἐκεῖνο δ᾽ εὖ σοι καὶ μάλιστ᾽ ἐπεμνήσθην,
   τίς ἔστ᾽ ὁ ῥάψας αὐτόν; εἰ φιλεῖς μ᾽, εἶπον.
   τί μ᾽ ἐμβλέπεις γελῶσα; νῦν ὀρώρηκας
45   Μητροῦν τὸ πρῶτον; ἢ τί τἀβρά σοι ταῦτα;
   ἐνεύχομαι, Κοριττί, μή μ᾽ ἐπιψεύσηι,
   ἀλλ᾽ εἰπὲ τὸν ῥάψαντα.

(ΚΟ.)   μᾶ, τί μοι ἐνεύχηι;
   Κέρδων ἔραψε.

⟨ΜΗ.⟩   κοῖος, εἰπέ μοι, Κέρδων;
   δύ᾽ εἰσὶ γὰρ Κέρδωνες· εἷς μὲν ὁ γλαυκός
50   ὁ Μυρταλίνης τῆς Κυλαιθίδος γείτων,
   ἀλλ᾽ οὗτος οὐδ᾽ ἂν πλῆκτρον ἐς λύρην ῥάψαι·
   ὁ δ᾽ ἕτερος ἐγγὺς τῆς συνοικίης οἰκέων
   τῆς Ἑρμοδώρου τὴν πλατεῖαν ἐκβάντι

37—39 Stob. 4, 23, 14 (4, 575 H.) (γαμικὰ παραγγέλματα) Ἡρώδα μιμιάμβων

30 δωριται ‖ 31 δι | +χαιρετω ‖ 32 χητερην | ανθ ‖ 33 αθριτω | +ταλλα ‖ 35 αδρ+ηστια, ι corr. ex ε ‖ 36 ενα | 36/37 paragr. ‖ 38 πευθηι ‖ 39 φεριν ‖ 40 ιμι ‖ 41 εκτεμιν | διται ‖ 43 εσθ | ει, ˙ sup. ε | φιλισ | ιπον ‖ 44 ενβλεπεισ | +ννν ‖ 45 +η ‖ 47 ιπε | +μα | ενευχη ‖ 47/48 paragr. ‖ 48 +κοιοσ ‖ 49 ισι, ι pr. fort. ex corr. | +ισ ‖ 50 γιτων

30 ὥ⟨σ⟩περ Ken.[1] | ἀρπάσα⟨σα⟩ Ken.[1] ‖ 31 τῆισι Ruth. ταισι ‖ 33 τἀμὰ Groe.[3] ταλλα | χρησθ, αι sup. θ | τἄλλα Νοσσίδι χρῆσθαι uulg. τἄλλα· Νοσσίδα χρῆσθαι dub. Cun.[5] ‖ 34 Μηδόκεω Weil[1] | ηγυνηγρυξω, sscr. ηδικηγρυζῳ m. alt. ‖ 36 λεπροσ, ˙σα˙ sup. λε m. alt. | προσδωσω, ωσω del. et οιην sscr. ‖ 37 κοριττοι: κόρη τὺ Stob. | ρινοσ ῥίνας Stob. ‖ 38 σοφον, sscr. ˙καλ˙ m. alt. σοφὸν Stob. | πευθηι, θ fort. corr. ex σ ‖ 41 πόλλ᾽, ἀ⟨λλὰ⟩ Kai.[1] ⟨τί⟩ πολλά; Pal.[1] | γλάσσαν Mei.[4] γλωσσαν Cun.[7] ου ‖ 42 εὖ Cun.[7] ov ‖ 47 τί Bla.[1] Bue.[1] Hea.[1] Kai.[1] ‖ 48 ἔραψε Kai.[1] ερραψε | ⟨ΜΗ.⟩ Hea.[1] ‖ 52 οικων, ε sup. ω

6. ΦΙΛΙΑΖΟΥΣΑΙ Η ΙΔΙΑΖΟΥΣΑΙ

ἦν μέν κοτ᾿ ἦν τις, ἀλλὰ νῦν γεγήρακε·
τούτωι Κυλαιθὶς ἡ μακαρῖτις ἐχρῆτο —   col. 32   55
μνησθεῖεν αὐτῆς οἵτινες προσήκουσι.

(ΚΟ.)   οὐδέτερος αὐτῶν ἐστιν, ὡς λέγεις, Μητροῖ·
ἀλλ᾿ οὗτος οὐκ οἶδ᾿ ἢ ⟨᾿κ⟩ Χίου τις ἢ ᾿ρυθρέων
ἤκει, φαλακρός, μικκός· αὐτὸ ἐρεῖς εἶναι
Πρηξῖνον, ῥὐδ᾿ ἂν σῦκον εἰκάσαι σύκωι   60
ἔχοις ἂν οὕτω· πλὴν ἐπὴν λαλῆι, γνώσηι
Κέρδων ὀτεύνεκ᾿ ἐστὶ καὶ οὐχὶ Πρηξῖνος.
κατ᾿ οἰκίην δ᾿ ἐργάζετ᾿ ἐμπολέων λάθρη,
τοὺς γὰρ τελώνας πᾶσα νῦν θύρη φρίσσει.
ἀλλ᾿ ἔργα, κοῖ᾿ ἐστ᾿ ἔργα· τῆς Ἀθηναίης   65
αὐτῆς ὀρῆν τὰς χεῖρας, οὐχὶ Κέρδωνος,
δόξεις. ἐ[γὼ] μέν — δύο γὰρ ἦλθ᾿ ἔχων, Μητροῖ —
ἰδοῦσ᾿ ἅμ᾿ ἰδμῆι τὤμματ᾿ ἐξεκύμηνα·
τὰ βαλλί᾿ οὕτως ἄνδρες οὐχὶ ποιεῦσι
— αὐταὶ γάρ εἰμεν — ὀρθά· κοὐ μόνον τοῦτο,   70
ἀλλ᾿ ἢ μαλακότης ὕπνος, οἱ δ᾿ ἱμαντίσκοι
ἔρι᾿, οὐκ ἱμάν[τες]. εὐνοέστερον σκυτέα
γυναικ[ὶ] διφῶσ᾿ ἄλλον οὐκ ἀνευρ[ή]σ[εις.   col. 33

(ΜΗ.)   κῶς οὖν ἀφῆκας τὸν ἕτερον;
⟨ΚΟ.⟩   τ[ί] δ᾿ οὐ, Μητροῖ,
ἔπρηξα; κοίην δ᾿ οὐ προσήγαγ[ο]ν πειθοῦν   75
αὐτῶι; φιλεῦσα, τὸ φαλακρὸν κ[α]ταψῶσα,
γλυκὺν πιεῖν ἐγχεῦσα, ταταλίζ[ο]υσα,
τὸ σῶμα μοῦνον οὐχὶ δοῦσα χ[ρ]ήσασθαι.

(ΜΗ.)   ἀλλ᾿ εἴ σε καὶ τοῦτ᾿ ἠξίωσ᾿, ἔδει δοῦ[ν]αι.
(ΚΟ.)   ἔδει γάρ· ἀλλ᾿ ἄκαιρον οὐ πρέποντ᾿ εἶναι·   80

---

54 +κοτ | +τισ | +αλλα | +γεγηρακε ‖ 56/57 paragr. ‖ 59 ηκι | ερισ |
ιναι ‖ 60 ικασαισ ‖ 61 +πλην ‖ 63 / ad init. | ενπολεων ‖ 66 +ουχι ‖ 67 +ε[γω] ‖
68 ἆμ | 72 ουχ ‖ 73—91 fragmentum dextram partem col. 33 continens propius
collocatum est ‖ 73/74 paragr. ‖ 75 +κοιην | πιθουν ‖ 76 +φιλευσα | +κατα-
ψωσα ‖ 78/79 paragr. ‖ 79 ι | εδι, sup. ι uel ˜ uel ε ‖ 79/80 paragr. ‖ 80 ιναι

55 τουτωικυλαιθισ uel τουτωπηλαιθισ ‖ 57 ὦν Bla.[1] Kai.[1] Rich.[1] ‖ 58 ⟨᾿κ⟩ Kai.[1]
(cf. Schulze[2]) ‖ 60 εἰκάσαι Ken.[1]   ικασαισ ‖ 63 κατ᾿ οἰκίην Ruth.   κατοικειν ‖
65 ἔργα, κοῖ᾿ Herw.[1]   εργοκοι ‖ 67 ε[..] suppl. Bue.[2] ‖ 68 ἅμι..η suppl. Mei.[2]
ἀμίλλη⟨ι⟩ Bla.[2] ‖ 70 ε.μεν suppl. Bla.[3]   ἐσμεν Jackson[1] ‖ 72 ιμ.[...] suppl. Bla.[1]
Bue.[1] Kai.[1] Ruth. ‖ 73 ανευρ[.].[suppl. Hea.[3] Sta.[1] ‖ 77 ταταλιζ[.]υσα suppl.
Hicks ap. Ken.[1] ‖ 80 ἀλλ᾿ ἄκαιρον Ell.[1]   ἀλλὰ καιρὸν uulg. | πρέπον γ᾿ male
Cru.[6]

4   BT Herodas   23

ἤληϑεν ἡ Βιτᾶδος ἐν μέσωι ⟨Εὐ⟩βούλη·
αὕτη γὰρ ἡμέων ἡμέρην τε κα[ὶ] νύκτα
τρίβουσα τὸν ὄνον σκωρίην πεποίηκεν,
ὅκως τὸν ωὐτῆς μὴ τετρωβόλου κόψηι.

85 (ΜΗ.) κῶς δ᾽ οὗτος εὗρε πρός σε τὴν ὀδ[ὸ]ν ταύτην,
φίλη Κοριττοῖ; μηδὲ τοῦτό με ψεύσηι.

(ΚΟ.) ἔπεμψεν αὐτὸν Ἀρτεμεὶς ἡ Κανδᾶδος
τοῦ βυρσοδέψεω τὴν στέγην σημήνασα.

(ΜΗ.) αἰεὶ μὲν Ἀρτεμείς τι καινὸν εὐρίσκει,
90 πρόσω πιεῦσα τὴν προκυκλίην θα..ν.
ἀλλ᾽ οὖν γ᾽ ὅτ᾽ οὐχὶ τοὺς δύ᾽ εἶχες ἐκλῦσαι
col. 34 ἔδει πυϑέσϑαι τὸν ἕτερον τίς ἡ ἐκδοῦσα.

(ΚΟ.) ἐλιπάρεον, ὁ δ᾽ ὤμνυ᾽ οὐκ ἂν εἰπεῖν μοι·
† ταύτηι γὰρ καὶ ἠγάπησεν Μητροῖ. †
95 ⟨ΜΗ.⟩ λέγεις ὁδόν μοι· νῦν πρὸς Ἀρτεμεῖν εἶμι,
ὅκως ὁ Κέρδων ὅστις ἐστὶν εἰδ[ή]σω.
ὑγίαινέ μο[ι, Κοριτ]τί. λαιμάτ[τε]ι κώρη
ἠμῖ[ν] ἀφ[......] ἐστί.

(ΚΟ.) τὴν ϑύρην κλεῖσον,
αὕτη [σ]ύ, .[..]..οπῶλι, κἀξαμίϑρησαι
100 αἱ ἀλεκτρ[ρῖ]δες εἰ [σ]όαι εἰσί, τῶν τ᾽ αἰρέων
αὐτῆισ[ι ρ]ῖψ[ο]ν· οὐ γὰρ ἀλλὰ πορϑεῦ[σ]ι
ὠρν[ι]ϑο[κ]λέ[π]ται, κἢν τρέφηι τις ἐν κόλπωι.

82 ημεω+ν | +ημερην ‖ 84/85 paragr. ‖ 86 ψευσηι uel ψευσηι ‖ 86/87 paragr. ‖ 87 αρτεμισ | 88/89 paragr. ‖ 89 αρτεμισ ‖ 91 ιχεσ | εγλυσαι ‖ 92 πυ+θεσθαι | εγδουσα ‖ 92/93 paragr. ‖ 93 ωμγνυεν | ειπειν, · sup. utrumque ε ‖ 94 uers. om. in textu, in mg. sup. litteris cursiuis sscr., ad fin. κά(τω) et post u. 93 ἄν(ω) ‖ 95 μ'οι | αρτεμιν | ιναι ‖ 96 +κερδων | ιδ[η]σω ‖ 97 +μο[ι | +λαιματ | χωρη ‖ 98 +την | κλισον ‖ 98/99 paragr. ‖ 100 ι | τε ‖ 101 +ον ‖ post 102 coronis

81 ηληθενγαρ; γὰρ del. Wilamowitz ap. Kai.¹ | Βιτᾶδος Schulze¹ βιτατοσ | ⟨Εὐ⟩βούλη Jevons¹ Kai.¹ δουλη ‖ 83 σκωριην, uestigia incerta sup. ω et ι ‖ 87 Κανδᾶδος Schulze¹ κανδατοσ ‖ 89 εὐρίσκει Cru.⁶ (εὐρήσει [Ken.¹] legi nequit) ‖ 90 πρό σοι Kai.¹ | θάμγηι Bla.³ Θαλλοῦν Mei.⁴ (tum legendum ποεῦσα cum Ruth.) | sup. ηνθα uestigia incerta, fort. ρηγεγ... ‖ 91 ουχι, ο corr. ex ι uel η dum scribit ‖ 93 ὤμνυ᾽ Cru.⁷ ωμνυεν ‖ 94 ⟨ἤλω⟩ κὴγάπησέ ν⟨ιν⟩ Knox¹ ‖ 95 εἶμι Ruth. ιναι ‖ 96 ιδ[.]σω suppl. Bue.² | 97 μο[......]τι suppl. Bue.² | λαιματ[..]. suppl. Cru.¹² (λαιμᾶ⟨ι⟩ τις [Groe.⁵] legi nequit) ‖ 98 ημι[.] suppl. F. D.¹ | ἀφ[ἑρπειν] Cru.⁶ ‖ 99 αυτ.[.]ν suppl. Ruth. Kai.¹ | ρ[εο]σσοπῶλι Die. ap. Cru.⁷ | κὴξαμίθρησαι Ruth. ‖ 100 αλ.ητ.[..]δεσ suppl. Bla.² Cru.⁵ | [.]οαι suppl. Cru.⁵ Pal.³ ‖ 101 αυτηισ[..]..[.]ν suppl. Bla.² | πορθευ[.] suppl. Kai.¹ Pal.² ‖ 102 ωρν[.]θ.[.]..- [.].αι suppl. Hea.⁶

24

7. ΣΚΥΤΕΥΣ

7. [Σ]ḲΥṬ[Ε]ΥΣ

(MH.)   Κέρδων, ἄγω σοι τάσδε τὰς .[.....] τι
        τῶν σῶν ἔχεις αὐτῆισιν ἄξιον δεῖξαι
        χειρέων νοῆρες ἔργον.

(KE.)   οὐ μάτην, Μητροῖ,
        ἐγὼ φ[ι]λ⟨έ⟩ω σε. τῆις γυναιξὶν οὐ θήσεις
        τὴν μέζον᾽ ἔξω σανίδα; Δριμύλωι φωνέω·   5
        πάλιν καθεύδεις; κόπτε, Πίστε, τὸ ῥύγχος
        αὐτοῦ, μέχρις τὸν ὕπνον ἐκχέηι πάντα·
        μᾶλλον δὲ τὴν ἄκανθα[ν] ὡς ἐχ[...]. καληι   col. 35
        ἐκ τοῦ τραχήλου δῆσο[ν. εἶ]α δή, [.....]ψ,
        κίνει ταχέως τὰ γοῦνα· [μ]έζον [....]..   10
        τρίβειν ψοφεῦντα νουθ[........] τῶνδε.
        νῦν ἔκ μιν αὐτὴν λε[........]ρυνις
        κ..ψ[..].[...] σευ τη.[........]ψήσω.
        ἔζεσ[θ]ε, Μητροῖ. Πίστ[ε, ...o]ίξας
        πυργῖδα, μὴ τὴν ὦδ[ε, ...]ν   15
        τὰ χρήσιμ᾽ ἔργα τοῦ τ.[........]ος
        ταχέως ἔνεγκ᾽ ἄνωθ[εν ...... Μη]τροῖ,
        οἷ᾽ ἔργ᾽ ἐπόψεσθ᾽. ἡσυχῆ [........]ον

7 Cerdo sutor Metro aliasque mulieres recipit quae calceos (uel baubones? uid.
Cun.[1]) uolunt. (unam Metro cum Cerdone loqui statuit Herz.[11].) scena: Cerdonis
officina, ueri similiter in Ionia

2 εχισ | διξαι ‖ 3 +ον ‖ 3/4 paragr. ‖ 4 +ταισ ‖ 5 δριμυλω ‖ 6 καθευδισ ‖
10 κινι ‖ 11 τριβιν

1 χ[uel ρ[: χ[υνάς Die.[4] ρ[έας Cru.[14] | εἶ] τι Bla.[1] Ell.[1] ‖ 3 χειρῶν Herw.[2] |
(KE.) Bue.[2] | μητροι, o in litura ‖ 4 φ[ι]λ⟨έ⟩ω Ruth. | τῆις Cun.[5] ταισ ‖
8−25 fragmenta 8 et 10, partes medias uu. 8−10 et 22−25 continentia, locauerunt
Cru.[17] et Ken.[6]; hinc u. 23 pro certo suppleri potest itaque numerus litterarum
deperditarum in aliis uu. determinari; fr. 8 in papyro longinquius collocatum est ‖
8]ι uel]ν | ἔχ[ει ἐ]ν καλῆι (sc. δέσει) post Cru.[17] et Edm.[1] ci. Cun.[5] ἔχ[ω]ν
κλάηι Knox[7] ‖ 9 εἶα δή Die.[4] (fragmento nondum cognito) | [Κέρκω]ψ Hea.[2] ‖
10 [μ]έζον Mei.[4] | [ἴχην]ας Knox[1] ‖ 11 νουθ[ετημάτων] Hea.[10] |]τουτωνδε, ⋯
sup. του ‖ 12 λαμπ]ρύν(ε)ις uel φαιδ]ρύν(ε)ις Hea.[8]; si hoc uerum, antea fort. λε[υ-
κόπυγε (Cru.[7]), si illud λε[ιόπυγε (Knox[9]) ‖ 13 κ...[, ψ sup. ult. litt. καὶ ψ[ῆι]ς;
[ἐγὼ] Knox[1] | τὴν [κοχώνην ἐκ]ψήσω Knox[9], spatio breuius ‖ 14 εζ..[.]..ητ..ι
suppl. Bue.[2] | Πίστ[ε Hea.[3], τὴν διπλῆν Herz.[11], ο]ίξας Die.[4] ‖ 15 πυ.γιδα suppl.
Bue.[2] | ὦδ[ε, τὴν δ᾽ ἄνω κ(ε)ίνη]ν post Cru.[13] Hea.[12] ‖ 16 τρ[ίβωνος Κέρδων]ος
Sitzler[6] ‖ 17 ἄνωθ[εν Bla.[2] | ὦ μάκαρ Hea.[12] οὐκ ἐρῶ Sta.[3] | Μη]τροῖ Bla.[2] ‖
18 [δὲ πρόσμειν]ον Bla.[2] [σύ, λαίμαστρ]ον Knox[1]

4*   25

τὴν ⟨σ⟩αμβαλούχην οἶγ[ε........] πρῶτον

20 Μητροῖ, τελέων ἄρη[ρε ......]εων ἴχνος.

θηεῖσθε κύμε[ῖ]ς, ὦ γυ[ναῖκες · ἢ πτ]έρνη

ὀρῆτ᾿ ὅπως πέπηγε, .[....]φην.[..]οις

ἐξηρτίωται πᾶσα, κρ[ὗ τ]ὰ μὲν κ[αλ]ῶς

τὰ δ᾿ οὐχὶ καλῶς, ἀλλὰ πά[ν]τ᾿ ἴσαι χ[εῖρε]ς.

25 τὸ χρῶμα δ᾿ οὕτως ὗμ[ι]ν ἢ πα[...] δοίη

col. 36 .[   ].ερ ἰχανᾶσθ᾿ ἐπαυρέσθαι

.[   ]λο τῶιδ᾿ ἴσον χρῶμα

κ[   ]ωκουδε κηρὸς ἀνθήσει

χ[   ]. τρεῖς ἔδωκε Κανδᾶτ[.].

30 κ[   ] τοῦτο κῆτερον χρῶμα

β.[   ]μι πάντ᾿ ὅσ᾿ ἐστ᾿ ἱρά

κω[   ] τὴν ἀληθ[ε]ί[η]ν βάζειν

              ] οὐδ᾿ ὅσον ῥοπὴν ψεῦδος

              ] Κέρδωνι μὴ βίου ὄνησις

35 μ[   ]ων γίνοιτο κα[ὶ] χάριν πρός με

              ].ρ ἀλλὰ μεζόνων ἤδη

              ] κερδέων ὀριγνῶνται

              ]. τὰ ἔργα τῆς τέχνης ἡμ⟨έ⟩ων

πί]σ̣υ̣γγος δὲ δειλαίην οἰζύν

40].ναν[..]εων νύκτα κῆμέρην θάλπω

]. ἡμέων ἄχρι⟨ς⟩ ἑσπέρης κάπτει

]αι πρὸ̣[ς] ὄρθρον οὐ δοκέω τόσ⟨σ⟩ον

---

21 χυμε[ι]σ ‖ 22 ορηθ ‖ 24 χ[ιρε]σ ‖ 29 τρισ | κανδᾶτ[.]. ‖ 31 πανθ ‖
33—34 initia uersuum conseruata sunt, sed nulla est scriptura ‖ 40 χημερην

19 ⟨σ⟩αμβαλούχην Bla.¹ Bue.¹ Hea.² | οἶγ[ε Bla.² | · τοῦτ᾿ ὄρη] Bla.² · τοῦτό
σοι] Knox¹ ‖ 20 ἄρη[ρε(ν) Bla.² | ἐκ μερ]έων Knox¹ (paulo breuius) ‖ 21 γυ-
[.........]ερνη suppl. Ruth. ‖ 22 οπωσ, π corr. ex ρ ὅκως Herw.² | χ[plerique
(χ[ὥτι σ]φηνί[σκ]οις Ken.⁶), sed fort. α[(Bla.³) melius ‖ 23 κρ[..], μενκ[..]ωσ suppl.
(fragmento nondum cognito) Bla.¹ Hea.² ‖ 24 πα[.]τ suppl. Hea.² | χ[...]σ suppl.
Bla. ap. Hea.¹² Cru.²¹ ‖ 25 Πά[φου] Knox³ ‖ 26—32 laciniam initia h. uu. conti-
nentem locauit Sitzler⁶; quot litterae sint deperditae incertum ‖ 26 .[, pes hastae
μ[εδέουσ᾿ Knox³ | ὅσωνπ]ερ Hea.⁷ | ἰχανᾶσθ᾿ agnouit Dan. ‖ 27 .[, pes hastae |
ἄλ]λο Cru.⁷ ‖ 28 κουδὲ uulg. κοῦ δὲ Herz.¹² ‖ 29 στατῆρα]ς Knox³; antea e. g.
χ[ρυσοῦ Knox³, χ[θὲς (Sitzler⁶) οὖν Edm.¹ | Κανδᾶτ[ο]ς Die.⁴ (-άδος Schulze¹)
(Κανδᾶτι [Ken.¹] legi nequit; Κανδάτ[ο]ν [Cru.⁷] propter accentum haud ueri
simile) ‖ 31 ὄμνυ]μι Bla.² | ἐστ᾿ Hea.³ εστ᾿ι | ι[.]α suppl. Bla.² | 32 e. g.
κώ[σια, γυναῖκες,] Cru.⁷ κώ[σσ᾿ ἔστιν ὅσια] Hea.¹² | αλη.[.].[.]ν suppl. Cru.⁷ |
βάζειν Cru.⁷ βαδιζειν ‖ 34 ἦ] Bue.² ‖ 35 μ[ηδ᾿ Sitzler⁶ ‖ 36 οὐ γ]ὰ̣ρ Bue.² ‖
37 e. g. οἱ βυρσοδέψαι] Cru.⁶ ‖ 38 ἡμ⟨έ⟩ων Mei.⁴ | 39]σ̣υ̣γγος suppl. Bla.² ‖ 40]ι
ueri simile ‖ 41 ἠῶ τί]ς Knox³ ἐπεὶ τί]ς Knox⁵ τίς ἔστ᾿ ὅ]ς Edm.¹ | ἄχρι⟨ς⟩
Ruth. ‖ 42 ἢ πίετ]αι Knox⁵ | τόσ⟨σ⟩ον Bue.²

7. ΣΚΥΤΕΥΣ

τὰ Μικίωνος κηρί᾽ εὖπ[   ]   col. 37
κοὔπω λέγω, τρισκαίδε[κ..... β]όσκω,
ὀτεύνεκ᾽, ὦ γυναῖκες, ἀργ[......]ς   45
οἵ, κἢν ὕῃ Ζεύς, τοῦτο μοῦ[νον .....].
φέρ᾽ εἰ φέρεις τι, τἄλλα δ᾽ ἀ[.].[.....].ται
ὅκως νεοσσο[ὶ] τὰς κοχώνας θά[λ]π[ο]ντες.
ἀλλ᾽ οὐ λόγων γάρ, φασίν, ἢ ἀγορὴ δεῖται
χαλκῶν δέ, τοῦτ᾽ ἢν μὴ ὗμιν ἀνδάνηι, Μητρ[οῖ,   50
τὸ ζεῦγος, ἕτερον κἄτε[ρ]ον μάλ᾽ ἐξοίσει,
ἔστ᾽ ἂν νόωι πεισθῆτε [μὴ λ]έγει[ν] ψευδέα
Κέρδωνα. τάς μοι σα[μβα]λουχίδας πάσας
ἔνεγκε, Πίστε .. αλισγ.γνηθεισας
ὑμέας ἀπελθεῖν, ὦ γυναῖκες, εἰς οἶκον.   55
θήσεσθε δ᾽ ὑμ[εῖς·] γένεα ταῦτα πα[ν]τοῖα·
Σικυώνι᾽, Ἀμβρακίδια, Νοσσίδες, λεῖαι,
ψιττάκια, κανναβίσκα, Βαυκίδες, βλαῦται,
Ἰωνίκ᾽ ἀμφίσφαιρα, νυκτιπήδηκες,
ἀκροσφύρια, καρκίνια, σάμβαλ᾽ Ἀργεῖα,   60
κοκκίδες, ἔφηβοι, διάβαθρ᾽· ὦν ἐρᾶι θυμός
ὑμέων ἑκάστης εἴπατ᾽, ὡς ἂν αἴσθοισθε   col. 38
σκύτεα γυναῖκες καὶ κύνες τί βρώζουσιν.
(ΜΗ.) κόσου χρεῖζεις κεῖν᾽ ὃ πρόσθεν ἤειρας
ἀπεμπολῆ⟨σαι⟩ ζεῦγος; ἀλλὰ μὴ βροντέων   65
ῥῦτος σὺ τρέψηις μέζον εἰς φυγὴν ἡμέας.
(ΚΕ.) αὐτὴ σὺ καὶ τίμησον, εἰ θέλεις, αὐτό

46 οἵ ‖ 51 χατε[ρ]ον ‖ 52 πισθητε ‖ 55 απελθιν ‖ 56 υμ[ισ] ‖ 57 σικῦ̈νια |
+αμβρακιδια | +νοσσιδεσ | +λειαι ‖ 58 +κανναβισκα | +βαυκιδεσ ‖ 59 +νυκ-
τιπηδηκεσ ‖ 60 +καρκινια | +σαμβαλ | +αργεια | 61 +διαβαθρα | +ων ‖
+ερα ‖ 63/64 paragr. ‖ 64 κιν | ηιρασ ‖ 65 an / ad init. dubium | +αλλα ‖
66/67 fort. paragr. ‖ 67 θελισ

43 Μικίωνος Cru.[7] μικρωνοσ ‖ 44 κοὔκω Mei.[4] | uel τρεισ- | οὓς ἐγὼ Edm.[1]
εἰ Κᾶρας Knox[11] | β]όσκω Bue.[2] ‖ 45 οτουνεκ, ε sup. o alt. | ἀργ[ίη πάντε]ς
Hea.[12] | 46 μου[suppl. Cru.[6] |]ι uel]ν ἄιδουσ]ι Cru.[17] ἴσασι]ν Cru.[6] ‖ 47]ψ[
uel]φ[ἀ[σ]φ[αλεῖς Herz.[11] (ἀσφαλέως iam Hea.[7]) | ῆ]ρται Hea.[3] (ἔ]αται [Mei.[4]]
legi nequit) ‖ 48 οπωσ, κ sup. π | κοχώνασ Dan. Jackson[2] κηχωνασ | θα[.]π[.]ν-
τεσ suppl. Dan. Jackson[2] ‖ 51 χῆτε[ρ]ον Ruth. ‖ 52 νο.. suppl. Bla.[3] | [...]εγει[.]
suppl. F. D.[1] ‖ 53 μ.. suppl. Bla.[2] | [...].ουχιδασ suppl. Bue.[2] ‖ 54 δικαλισγγεννη-
θεισασ ut uid.; non intellegitur ‖ 56 υμ[...].νεα suppl. Ruth. ‖ 57 σικνυια, ω
sup. υ | Χῖαι Hea.[7] ‖ 58 ψιττάκια Ruth. ψιντακαια | βλαῦται Herw.[2] βλαυτια,
τ sup. υ βλαντία Cru.[7] βλανττία Nairn[1] ‖ 61 ἔφηλοι Cru.[7] ‖ 62 ειπατ, τ corr.
ex σ ‖ 65 ἀπεμπολῆ⟨σαι⟩ Bla.[1] Ell.[1] Jackson[1] ‖ 66 ρυτοσ uel αυτοσ

27

καὶ στῆσον ἧς κότ᾽ ἐστιν ἄξιον τιμῆς.
ὀ τοῦτ᾽ ἐῶν γὰρ οὔ σε ῥηιδίως ῥινᾶι.
70 ζευγέων, γύναι, τὠληθὲς ἢν θέλῃς ἔργον,
ἐρεῖς τι — ναὶ μὰ τήνδε τὴν τεφρὴν κόρσην,
ἐπ᾽ ἧς ἀλώπηξ νοσσιὴν πεποίητα[ι —
τάχ᾽ ἀλφιτηρὸν ἐρ[γ]α[λ]εῖα κινεῦσι.
Ἑρμῆ τε Κερδέων καὶ σὺ Κερδείη Πειθοῖ,
75 ὡς, ἤν τι μὴ νῦν ἡμιν ἐς βόλον κύρσηι,
οὐκ οἶδ᾽ ὅκως ἄμεινον ἢ χύτρη πρήξει.
(ΜΗ.) τί τονθορύζεις κοὐκ ἐλευθέρηι γλάσσηι
τὸν τῖμον ὅστις ἐστὶν ἐξεδίφησας;
(ΚΕ.) γύναι, μιῆς μνῆς ἐστιν ἄξιον τοῦτο
80 col. 39 τὸ ζεῦγος· ἢ ἄνω ᾽σ⟨τ⟩᾽ ἢ κάτω βλέπειν· χαλκοῦ
ῥίνημ᾽ ὃ δήκοτ᾽ ἐστὶ τῆς Ἀθηναίης
ὠνευμένης αὐτῆς ἂν οὐκ ἀποστάξαι.
(ΜΗ.) μάλ᾽ εἰκότως σευ τὸ στεγύλλιον, Κέρδων,
πέπληθε δαψιλέων τε καὶ καλῶν ἔργων.
85 φύλασσε κά[ρτ]α σ᾽ αὐτά· τῆι γὰρ εἰκοστῆι
τοῦ Ταυρεῶνος ἠκατῆ γάμον ποιεῖ
τῆς Ἀρτακηνῆς, κὐποδημάτων χρείη·
τάχ᾽ οὖν, τάλης, ἄ⟨ι⟩ξρουσι σὺν τύχηι πρός σε,
μᾶλλον δὲ πάντως. ἀλλὰ θύλακον ῥάψαι
90 τὰς μνέας ὅκως σοι μὴ αἱ γαλαῖ διοίσουσι.
(ΚΕ.) ἤν τ᾽ ἠκατ⟨ῆ⟩ ἔλθηι, μνῆς ἔλασσον οὐκ οἴσει,
ἤν τ᾽ ἠ Ἀρτακηνή. πρὸς τάδ᾽, εἰ θέλεις, σκέπτευ.
(ΜΗ.) οὔ σοι δίδωσιν ἡ ἀγαθὴ τύχη, Κέρδων,
ψαῦσαι ποδίσκων ὧν Πόθοι τε κῆρωτες
95 ψαύουσιν; ἀλλ᾽ εἰς κνῦσα καὶ κακὴ λώβη

69 τουτο ‖ **70** +γυναι ∣ τωλη+θεσ ∣ θ+εληισ ‖ **71** ερισ ‖ **72** εφ ∣ αλώπηξ ‖ **73** / ad init. ‖ **74** κερδιη ∣ πιθοι ‖ **75** +εσ ‖ **76** αμινον ∣ πρηξι ‖ **76/77** paragr. ‖ **77** ου+κ ‖ **78** τοῦ ∣ **78/79** paragr. ‖ **80** βλεπιν ‖ **82/83** paragr. ‖ **85** ικοστηι ‖ **86** ποιι ‖ **87** αρτακηνῆσ ‖ **88** / ad init. ‖ **89** πα+ντωσ et **90** οκ+ωσ (foramen in papyro) ‖ **90/91** fort. paragr. ‖ **91** ουχ, χ corr. uel del. et κ sup. χ ∣ οισι ‖ **92** +προσ ∣ θελισ ‖ **92/93** paragr. ‖ **95** ισ

69 τουτο... leg. Mei.⁴ ∣ ναι leg. Bla.³ (nisi ρηναι melius) ∣ lectiones non satis certae ‖ **70** ευγεων leg. Milne ap. Knox¹¹ ∣ **72** πεποιητα[leg. et suppl. Hea.³ ‖ **73** ερ[.]α[.]ειᾳ suppl. Die.⁴ ∣ **76** χυτρη, χ ex corr. κύθρη Ruth. ‖ **77** (ΜΗ.) Herw.² ∣ τονθορύζεις Ruth. τονθορυξει, σ sscr. ad fin. ‖ **78** exspectes ἐξεφώνησας (Rich.²) ‖ **80** ᾽σ⟨τ⟩᾽ Hea.¹² ‖ **83** (ΜΗ.) Bue.² ‖ **84** δαψιλεων, ι corr. ut uid. ex ε ‖ **85** κα[..]α suppl. Bla.² ∣ σ(οι) αὐτὰ interpr. Bue. ap. Die.⁴ ‖ **88** ᾳ..υσι leg. et corr. Cru.⁷ ‖ **91** (ΚΕ.) Bue.² ∣ ἠκατ⟨ῆ⟩ Ruth. ‖ **92** τ᾽ ἠ Herw.¹ τηι ‖ **93** (ΜΗ.) Bue.²

7. ΣΚΥΤΕΥΣ

ὥστ᾽ ἐκ μὲν ἡμέων †λιολεοσεω† πρήξεις.
ταύτηι δὲ δώσεις κε[ῖ]νο τὸ ἕτερον ζεῦγος
κόσου; πάλιν πρήμηνον ἀξίην φωγήν   col. 40
σεωυτοῦ.

⟨ΚΕ.⟩   στατῆρας πέντε, ναὶ μὰ θεούς, φο[ι]τᾶι
ἢ ψάλτρι᾽ ⟨Εὐ⟩ετηρὶς ἡμέρην πᾶσαν   100
λαβεῖν ἀνώγουσ᾽, ἀλλ᾽ ἐγώ μιν ἐχθ[α]ίρω,
κἢν τέσσαράς μοι Δαρικοὺς ὑπόσχηται,
ὀτεύνεκέν μευ τὴν γυναῖκα τωθάζει
κακοῖσι δέννοις· εἰ δ[......].ι χρείη
φερευλαβου⟨   ⟩ τῶν τριῶν [....] δοῦναι   105
καὶ ταῦτα καὶ ταῦτ᾽ ἦι ὕμιν ἑπτὰ Δαρεικῶν
ἕκητι Μητροῦς τῆσδε· μηδὲν ἀντείπηις.
δύ]ναιτό μ᾽ ἐλάσαι σαν[..] τὸν πίσ[υγγον
ἐόντα λίθινον ἐς θεοὺς ἀναπτῆναι·
ἔχεις γὰρ οὐχὶ γλάσσαν, ἡδονῆς δ᾽ ἠθμόν.   110
ἆ, θεῶν ἐκεῖνος οὐ μακρὴν ἀπ..[...]..
ὅτεωι σὺ χείλεα νύκτα κἠμέρην οἴγ[εις.
φέρ᾽ ὧδε τὸν ποδίσκον· εἰς ἴ⟨χ⟩νος θῶ...
πάξ· μήτε προσθῆις μήτ᾽ ἀπ᾽ οὖν ἕληις μηδέν·
τὰ καλὰ πάντα τῆις καλῆισιν ἁρμόζει·   115
αὐτὴν ἐρεῖς τὸ πέλμα τὴν Ἀθηναίην   col. 41

96 / ad init. | πρηξισ ‖ 97 δωσισ ‖ 98—115 fragmentum dextram partem col. 40 continens propius collocatum est ‖ 98 +παλιν ‖ 99 σεωντοῦ in textu om., σεωτον in mg. et σεωντον στατηρ(ασ) ο̊ in mg. sup. (cf. Brinkmann¹) ‖ 101 λαβιν | +αλλα ‖ 102 δαρεικουσ ‖ 106 η | δαρικων | 108 / ad init. | ελάσαι ‖ 110 / ad init. | εχισ | +ουχι | +ηδηνησ ‖ 111 εκινοσ | +ον ‖ 112 οτεω | χιλεα | ν+υκτα ‖ 114 παξ· | ελησ uel ελη[ι]σ ‖ 115 τησ, ι sup. η | αρμοζι ‖ 116 ερισ

96 λιρ (uel σ)λεοσεω Αἰολέος Beare; fort. εω correctio est, i. e. leg. Αἰολέως, tum e. g. ⟨χεῖρον⟩ uel ⟨μεῖον⟩, sed omnia incerta (σέω[= σέο ἢ] πρῆξις Bue.²) ‖ 98 ἀξίην Herw.² αξιαν ‖ 100 ⟨Εὐ⟩ετηρὶς Bla.¹ Ruth. ‖ 102 Δαρικοὺς Hicks δαρεικουσ ‖ 103 ὀτεύνεκεν Ruth. οτουνεκεν ‖ 104 δεννοισ, ι sup. pr. ν |]τ uel]ι δ[έ σοί γ᾽ ἐσ]τι Bla.² ‖ 105 φέρ᾽ — εὐλαβοῦ ⟨σὺ⟩ Hea.² φέρεν ευλαβοῦ⟨σα⟩ Bla.² | fr. 59 ον in hoc u. locauit Knox¹, uel ad init. lacunae (tum pars litt. ν erit) uel ad fin. (εὐλαβοῦ ⟨δὲ⟩ τῶν τριῶν ὄν[αρ] Knox¹ εὐλαβοῦ⟨μαι⟩ τῶν τριῶν ὄν[ωι] Edm.¹ εὐλαβοῦ⟨μαι⟩ τῶν τριῶν [με]ῖον Knox¹¹); sed minime constat fragm. huc pertinere, et [μιᾶι] (Hea.⁶) uel [θέλω] (Bue.²) legi possunt ‖ 106—108 fr. 42 (ηνμ/μηδε/τον) et 41 (ινεπ/ναντ/πισ) locauit Knox¹ ‖ 106 ταῦτα Ken.¹ ταυταντα | η; constructio mira ‖ 107 αντειπηισ leg. Herz.¹¹ ‖ 108]ναιτο suppl. Bue.² | σ⟨η⟩ ἂν [ἰὴ] Knox¹ | πισ[suppl. Knox¹ ‖ 109 λίθινον Hea.² ληθινον ‖ 110 ἡδονῆς Herw.¹ ηδηνησ | ἠθμόν Bue.² ηθμηην uel ηθμιν ‖ 111 ἄπεσ[τ᾽ ὢν]ήρ Bla.¹ | 112 οι.[suppl. Bla.¹ ‖ 113 ἴ⟨χ⟩νος Bla.¹ | θῶ·μεν (Hicks) potius quam θῶ·μιν (Bla.¹)

29

τεμεῖν. δὸς αὔτη καὶ σὺ τὸν πόδ᾽ · ἄ, ψωρῆι
ἄρηρεν ὁπλῆι βοῦς ὁ λακτίσας ὑμ⟨έ⟩ας.
εἴ τις πρ[ὸ]ς ἴχνος ἠκόνησε τὴν σμίλην,
120   οὐκ ἄν, μὰ τὴν Κέρδωνος ἐστίην, οὔτω
τοὔργον σαφέως ἔκειτ᾽ ἂν ὡς σαφ⟨έ⟩ως κεῖται.
αὔτη σύ, δώσεις ἐπτὰ Δαρικοὺς τοῦδε,
ἢ μέζον ἵππου πρὸς θύρην κιχλίζουσα;
γυναῖκες, ἢν ἔχητε κἠτέρων χρείην
125   ἢ σαμβαλίσκων ἢ ἃ κατ᾽ οἰκίην ἔλκειν
εἴθισθε, τήν μοι δουλ[ίδ]᾽ ὧδε ⟨δεῖ⟩ πέμπειν.
σὺ δ᾽ ἦκε, Μητροῖ, πρός με τῆι ἐνάτηι πάντως
ὅκως λάβηις καρκίνια · τὴν γὰρ οὖν βαίτην
θάλπουσαν εὖ δεῖ ᾽νδον φρονεῦντα καὶ ῥάπτειν.

8. ΕΝΥΠΝΙΟΝ

ἄστηθι, δούλη Ψύλλα · μέχρι τέο κείσηι
ῥέγχουσα; τὴν δὲ χοῖρον αὐονὴ δρύπτει ·
ἢ προσμένεις σὺ μέχρις εὖ ἥλιος θάλψηι
col. 42   τὸ]ν κῦσον ἐσδύς; κῶς δ᾽, ἄτρυτε, κοὐ κάμνεις
5   τὰ πλ]ευρὰ κνώσσουσ᾽; αἱ δὲ νύκτες ἐννέωροι.

8 Poeta somnium suum narrat et de mimiambis suis interpretatur. scena: poetae
uilla. restitutio mim. 8:1−3 tantum publici iuris fecit Ken.[1], reliquum e fragmentis
constat (fr. 1−11 ap. Ken.[3], 12−58 ap. Ken.[6], 59−60 ap. Nairn[1]), quae in col. 42
(litteras initiales e mg. dextra col. 41 et fr. 1, 9, 12 iunxerunt Die.[3] Ken.[6]), 43 (fr.
3−4, 13−18, 36−37, 39−40, 43, 48−50, 52, 56−58 iunx. Ken.[6] Cru.[21] Knox[1]),
44 (fr. 2, 19−20, 33−34, 38, 44, 46, 54−55 iunx. Ken.[6] Cru.[21] Ken. ap. Knox[1]
Knox[1]), 45 (fr. 5, 8, 11, 21−30, 47 iunx. Bla.[2] Ken.[6] Milne ap. Knox[3]), 46 (fr.
6−7, 31−32, 45, 51, 60 iunx. Bue.[2] Nairn[1] Knox[1]) iuncta sunt. (fr. 10 uid. ad 7,
8−10, fr. 41−42 et 59 ad 7, 105−108, fr. 35 et 53 aliumque sine numero ad fin.
textus.)

117 τεμιν | +δοσ ‖ 118 +βουσ ‖ 120 +κερδωνοσ ‖ 121 σαφ+ωσ | κιται ‖
122 δωσισ | δαρικουσ ‖ 125 ελκιν ‖ 126 / ad init. ‖ 128 +την ‖ 129 ραπτιν ‖
post 129 coronis ‖ 1 κισηι ‖ 2 δρυπτι ‖ 3 προσμενισ | +ηλιοσ ‖ 4 +κωσ |
καμνισ ‖ 5 +αι

117 ποδα dist. Hea.[12] | ψωρῆι Ruth. ψωρη ‖ 118 ὁπλῆι Ruth. οπλη (cf. Gian-
grande[1] 96) | ὑμ⟨έ⟩ας Ruth. ‖ 121 σαφ⟨έ⟩ως Ruth. ‖ 126 δουλ[..] suppl. Bla.[1]
Bue.[1] Hea.[2] Pearson | ⟨δεῖ⟩ Bla.[1] Bue.[1] Ruth. | πεμπετει, ι del. et ιν sup. ετ ‖
129 τὸν φρ. Hicks, sed cf. Giangrande[2] | φρονεῦντα Mei.[4] φρονουντα | καὶ et δεῖ
transp. ci. Cun.[5] ‖ 1 τεῦ Ruth. ‖ 3 προσμένεις Pal.[1] προσμενεῖς Ruth. | μέχρις
εὖ Pal.[1] μέχρι σεν Cru.[7] | θάλψηι, ηι del. et ι sscr. ‖ 4].υσον suppl. Hea.[2]
(quamquam]ε potius quam]ν) ‖ 5]ευρα suppl. Hea.[2] Pal.[1]

8. ΕΝΥΠΝΙΟΝ

ἄστη]θι, φημί, καὶ ἄψον, εἰ θέλεις, λύχνον,
καὶ τ]ὴν ἄναυλον χοῖρον ἐς νομὴν πέμψ[ο]ν.
τ]όνθρυζε καὶ κνῶ, μέχρις εὖ παραστά[ς σοι
τὸ] βρέγμα τῶι σκίπωνι μαλθακὸν θῶμα[ι.
δει]λὴ Μεγαλλί, κα[ὶ] σὺ Λάτμιον κνώσσεις;   10
οὐ] τὰ ἔριά σε τρύχ[ο]υσιν· ἀλλὰ μὴν στέμμ[α
ἐπ᾽ ἱρὰ διζόμεσ[θ]α· βαιὸς οὐκ ἦμιν
ἐν τῆι οἰκίηι ἔτι μα[λ]λὸς εἰρίων. δειλή,
ἄστηθι. σύ τε μοι τ[οῦ]ναρ, εἰ θέλεις, Ἀννᾶ,
ἄκουσον· οὐ γὰρ νη[πία]ς φρένας βόσκεις.   15
τράγον τιν᾽ ἕλκειν [διὰ] φάραγγος ὠιήθη[ν
μακρῆς, ὁ δ᾽ εὐπώ[γω]ν τε κεύκερως .[
ἐπεὶ δὲ δὴ [.]..[......]. τῆς βήσσης
η.[..]σφα[.........] γὰρ ἔσσωμαι
συ[.............].ες αἰπόλοι πλε[20
τη[...............].ριωντεποιευ[
κἠγὼ οὐκ ἐσύλευν [....].(.)[col. 43
καὶ ἄλλης δρυὸς [...].ε[
οἱ δ᾽ ἀμφικαρτα.[...]τεσ[
τὸν αἶγ᾽ ἐποίευν [....]π[25
καὶ [π]λησίον με.[....]ι.[
κ[....].νμα.[....].ω[
σχ[....]κροκωτ[....]φ.[
ω[....]λεπτῆς ἄ[ν]τυγος ...[
σ.[....]ς δὲ νεβροῦ χλαν[ι]δίω[ι] κατέζω[στ]ο   30

---

6 θελισ ‖ 10 δι]λη | μεγαλλί | κνωσσισ ‖ 11 +αλλα ‖ 12 ουχ ‖ 13 τη, ι sup. η |
ιριων | διλη ‖ 14 / ad init. | θελισ | αννᾶ ‖ 15 +ον | βοσκισ ‖ 16 ελκιν ‖ 18 επι ‖
21 / ad init.

6].ι suppl. Die.³ | ασψησον, ˙ sup. σ et ησ, et ψ corr. ex τ ‖ 7 ἄναγνον uel ἄναυ-
δον Hea.⁷,¹² ‖ 8 μεχρισεν ut 3 | παραστά[ς Vogliano¹, σοι Sitzler¹⁰ ‖ 9]βρεγ̣:μα
suppl. Hea.² ‖ 10]λη suppl. Pal.² ‖ 11]τα suppl. Pal.² ‖ 13 ε, ν sscr. | ᾽στι
Hea.¹⁰ | μα[.]λοσ suppl. Bue.² ‖ 14 .[..].ọ suppl. Bla.³ ‖ 16 [διὰ] Cru.²¹ |
ωιομ.[, ηϑ sup. ομ suppl. Bla.² Cru.⁶ (non fuit ὠῖσμη[ν [Mei.⁴]) ‖ 17 ευπω[..]ν
suppl. Cru.⁶ | ἦ[ν τις Cru.⁶ ἦ[εν Knox¹¹ ‖ 18 [.].. (tres hastae) [ν]ιν Knox³
[μ]ιν Sitzler¹⁶ | e. g.]ạ ‖ 19 η.[, sscr. εο ἠ[οῦ]ς φα[ούσης (cum corr. ἔω)
Knox¹,³ | ἔσσωμαι accent. Wackernagel, Kl. Schr. 2, 1049 A. 2 ‖ 20]τ uel]χ ‖
21]ω,]ọ,]φ ‖ 22]εγ[uel]η[‖ 23]χ uel]τ ‖ 24 ἀμφὶ κάρτα (Cru.¹⁷) ueri similius
quam ἀμφίκαρτα (Bue.²) uel ἀμφὶ καρτάσ[αντες (Edm.¹) | ọ[, σ[, ε[‖ 25 ἐποίευν
Mei.⁴ εποιουν ‖ 26]ιγ[uel]ιψ[‖ 27 fort.]ạ | μ[uel potius λ.(? ọ)[|]τ uel]χ ‖
28 σχ[ιστὸν] κροκωτ[ὸν Vogliano¹ |]φγ[potius quam]φι[(ἠμ]φί[εστ(ο) Knox¹) ‖
29 fort. σαϑισ[καϑιξ᾽ Edm.¹ ‖ 30 στ[ικτῆ]ς Knox⁴ | κατεζω[..]ο suppl.
Herz.¹⁰

31

κ[......].ν κύπα[σσι]ν ἀμ[φ]ὶ τοῖς ὤμοις
κο[......] ἀμφὶ κρ[ητὶ κ]ίσσι[ν]᾿ ἔστεπτο
..... κ]ρθόρνου[....]η κα[τ]αζώστρηι
........]ωμεντο[....]σα.[......] φρίκη[.

35 ....]ωρηνιχ[...].θι.[   ]
......]ο λῶπο[ς ...]κον [πε]ποιῆσθαι
..... Ὀδ]υσσέως ο[....] Αἰόλ[ου] δῶρον
........]φ.[......]το.[...]α λακτίζειν
........]εγ[......].εν[..] λῶιστον

40 col.[44 ὥσπερ τελεῦμεν ἐν χοροῖς Διωνύσου.
κοὶ μὲν μετώποις ἐ[ς] κόνιν κολυμβῶ[ντες
ἔκοπτον ἀρνευτῆρ[ε]ς ἐκ βίης οὖδας,
οἱ δ᾿ ὕπτι᾿ ἐρριπτεῦντο· πάντα δ᾿ ἦν, Ἀνν[ᾶ,
εἰς ἓν γέλως τε κἀνίη [......]εντα.

45 κἀγὼ δόκεον δὶς μ.[..]. ἐκ τόσης λείης
ἐπ᾿ οὖν ἀλέσθαι, κἠλάλαξαν ὤνθρωπ[οι
ὥς μ᾿ εἶδ[ον ..]ως τὴν δο[ρή]ν πιεζεῦσαν
καὶ φ[   ]τ[
οιδε [

50 γρυπ[
ρυπ[
τ.[
τ[
[

55 [
[
[

col. 45   τὰ δεινὰ πνεῦσαι λὰξ πατε[

38 λακτιζιν ‖ **40** εγ ‖ **41** χοι ‖ **45** / ad init. | λιησ ‖ **46** + κηλαλαξαν ‖
47 ιδ[

31 suppl. Cru.²¹ ‖ **32** κό[ρυμβα δ᾿] Knox¹ | κ.[....]ισσι[.] suppl. Knox¹ | εστι-
χτο, επ sup. ιχ (fort. ex 30) ‖ **33** -ου uel -ον[ς | κα[.]αζωστρηι suppl. Knox¹ ‖
34 . (hasta, prob. non ι)[‖ **35**]. (hasta) ‖ **36**]ω, sscr. ο | λωπο[suppl. Bue.² |
]ποιησθαι leg. et suppl. Milne ap. Knox³ ‖ **37**]υσσεωσ suppl. Bue.² | ω[,
sscr. ο | αιολ[..] suppl. Knox¹ ‖ **40** Διωνύσου Ken.⁶   διονυσου ‖ **43** πανταδην
diuisit Knox¹ ‖ **44** ει, σ sscr. | [᾿ναμιχθ]έντα Knox¹   [κερασθ]έντα Herz.¹⁰ ‖
45 κἠγὼ Knox¹ | ᾿δόκεον Schmidt sed cf. 73 | μοῦ[νο]ς Herz.¹⁰ ‖ **46** ωνθρωπ[
suppl. Cru.²¹ ‖ **47** ιδ[suppl. Knox¹ | δο[..]ν suppl. Cru.²¹ | πιεζεῦντα Knox³ ‖
58 πατέ[οντα Cru.²¹   πατέ[ων Herz.¹⁰

8. ΕΝΥΠΝΙΟΝ

ἔρρ᾽ ἐκ προσώπου μή σε καίπ‌ι‌ερ ὢν πρέσβυς
οὔληι κατ᾽ ἰθὺ τῆι βατηρίηι κό[ψω.᾽
κἠγὼ μεταῦτις· ʽὦ παρεόν[τες   60
θανεῦμ᾽ ὑπὲρ γῆς, εἰ ὁ γέρων μ[
μαρτύρ[ο]μαι δὲ τὸν νεηρ[ίην
ὁ δ᾽ εἶπεν [ἄ]μφω τὸν δορέα .[
καὶ τοῦτ᾽ ἰ̓[δ]ὼν ἔληξα. τὸ ἔνδυ[τον   65
...]ναδ[..] ὧδε. τὦναρ ὧδ᾽ ἰ̓[
......]ν αἶγα τῆς φ[άραγγος] ἐξεῖλκον
..... κ]αλοῦ δῶρον ἐκ Δ[ιων]ύσου
..... αἰ̓]πόλοι μιν ἐκ βίης [ἐδ]αιτρεῦντο
τ]ὰ ἔνθεα τελεῦντες καὶ κρεῶ[ν] ἐδαίνυντο,   70
τὰ μέλεα πολλοὶ κάρτα, τοὺς ἐμοὺς μόχθους,
τιλεῦσιν ἐν Μούσηισιν. ωδεγω[   ]το.
τὸ μὴν ἄεθλον ὡς δόκευν ἔχ[ει]ν μοῦνος
πολλῶν τὸν ἄπνουν κώρυκον πατησάντων,
κἠ τῶι γέροντι ξύν᾽ ἔπρηξ᾽ ὀρινθέντι   75
.] κλέος, ναὶ Μοῦσαν, ἤ μ᾽ ἔπεα κ[col. 46
.εγ᾽ ἐξ ἰάμβων, ἤ με δευτέρη γν[

59–60 Sch. Nic. Ther. 377 (p. 161 Crugnola) βατῆρα δὲ τὴν βακτηρίαν κατὰ ἀφαί-
ρεσιν τοῦ κ. καὶ Ἡρώδης (Ἡρωδιανός CRv   ὁρῶ p) ὁμοίως ὁ ἡμίαμβος (Kp   καὶ
ἡμίαμβος Rv   ὁ ἡμιημίαμβος α   ἐν ἡμιάμβοις γ   ὁ ἡμιαμβικός Keil   ὁ μιμίαμ-
βος Bergk   ἐν μιμιάμβοις Welcker)   ἐν τῶι ἐπιγραφομένωι Ὕπνωι (leg. Ἐνυπνίωι) ‖
67–75 fines in O seruati sunt

64 ιπεν ‖ **73** εχ[ι]ν (?) ‖ **75** επρηξα

59 ερρ   φ(ε)ύγωμεν sch. | καιπ[suppl. Die. ap. Bue.²   ἐκπερῶν uel ἐμπεσὼν
sch. ‖ **60** οὔληι sch.   οληι | κατι.[.]   κατιθὺ sch.ᵛ   κατ᾽ εὐθὺ sch.ᶜᵉᵗᵗ. | τῆι
om. sch. | κο[suppl. Weil⁴   καλύψω uel καλύψηι sch. ‖ **61** κηγω, η corr. ex ω ‖
62 εἰ: ι uel φ uel ψ | **64** [.]μφω suppl. Cru.⁶ | ξ[ύλωι δῆσαι Herz.¹⁰   ξ[υνῆι κτῆ-
σθαι Pisani ‖ **65** ενδυ[suppl. Cru.²¹ ‖ **66** Ἀν]ρᾶ̈ Sitzler¹⁰ | δ[ὸς] Knox¹ | τοὔναρ
Knox¹ | (ε)ἰ[κάζειν δεῖ Cru.²¹ ‖ **67** e. g. ὡς μὲν τὸ]ν Edm.¹ | φ[suppl. Cru.⁷ |
]ιλκον εξι̣.[.].̣ O (suppl. Ken.⁶) ‖ **68** e. g. ἔξω τι κ]αλοῦ Knox³ | εκ potius quam
εισ .[...].σου   ]σου O suppl. Knox¹ ‖ **69** e. g. ὡς δ᾽ οἱ αἰ]πόλοι (hoc Bue.²)
Knox³ |]τρευντο   ]αιτρευντο O suppl. Milne ap. Knox³ ‖ **70**]. suppl. Cru.²⁴ |
κρεω[....]νυντο   ]αμεδαιννυντο O suppl. Weil⁴ (κρέα ἄμ᾽ Barigazzi²   κρέαμ᾽ Cun.⁵
κρέ᾽ ἄμ᾽ [= ἀμὰ] Lloyd-Jones ap. Cun.⁵, sed lectio O prob. corrupta) ‖ **71** ε̣[...]
]μονσ O (suppl. Cru.²¹) | μοχθουσ   μοχθουσ O ‖ **72** ωδεγω[.(.)]..[   ]το O   ὦδ᾽
ἐγὼ [το]ῦτο Barigazzi²   ὦδέ γ᾽ ὤ[ισ]το uel ὤ[λλυ]το Cun.⁵ ‖ **73** δόκευν Weil⁴
δοκουν | εχ[.]ν suppl. Ken.⁶ |]μουνοσ O ‖ **74** ἔμπνουν uel εὔπνουν Cun.⁵ |
].πατησαντων O ‖ **75**]ρινθεντι, ·η· sup. ι, O (ἔ]ρειν corr. in ἀ]ρὴν θέντι Barigazzi²) ‖
76 ἔξω] Vogliano¹ | ἤ hic et **77** relat. (Spiro¹) uel disiunct. (Bue.²) | κ[λήσει
Knox³ ‖ **77** μέγ᾽ Knox¹ | ἐξ (uulg.) uel ἔξ (Cru.⁶) | δευτέρηι Cru.⁴ | γν[ώμη
Hea.² -ηι Cru.⁴   γν[ώσι Herz.¹¹

33

HERODAS

.μ̣..ς μετ᾿ Ἱππώνακτα τὸν παλαι[
τ]ὰ κύλλ᾿ ἀείδειν Ξουθίδης †επιουσι[

9. ΑΠΟΝΗΣΤΙΖΟΜΕΝΑΙ

]ζεσθε πᾶσαι. κοῦ τὸ παιδίον; δεξ[
]αιπ[.]ος Εὐέτειραν καὶ Γλύκην .[
]ιτ[.....]αιδρη τὴν ἕτοιμον ου[
........].ισμησε[..]ισματων[
........].ινατ[.....]νηνυτω[
........].η[.....]αχηπεπρ[
........]..[.......]φερεσκο.[
.ρ[..]οδ.[...........]α δειλαίοις βλε[
φερω...[.........].ακαιτανυ[
αυτησυ.[..........].εται νο[
ουπρρσθα[........]νισηξ[
τίθεσθ᾿ α.[....... ἄ]εθλον ἐξοι[
γλήχ[..............]κεῦσί σ᾿ ἤειρα

10. ΜΟΛΠΙΝΟΣ

ἐπὴν τὸν ἑξηκοστὸν ἥλιον κάμψῃς,
ὦ Γρύλλε, Γρύλλε, θνῆισκε καὶ τέφρη γίνευ·
ὡς τυφλὸς οὐπέκεινα τοῦ βίου καμπτήρ·
ἤδη γὰρ αὐγὴ τῆς ζοῆς ἀπήμβλυνται.

10 Stob. 4, 50b, 56 (5, 1042 H.) (ψόγος γήρως) Ἡρώδου ἐκ Μολπείνου [1—3], ib.
55 (5, 1041 H.) Ἡρώδ (M   -δου A) μιμιάμβων [4]: coniunxit Salmasius

78 μεθ ‖ 79 αιδιν | επίουσι[

78 ἐμοῖς Herz.[10] ‖ 79 Ξουθίδης Cun.[5]   ξουθιδαισ | ἐπ(ε)ίουσι ut partic. uerbi
*ἐπείω = ἔπειμι acceperunt multi; uix credibile ‖ 9 1 ἔ]ζεσθε Ken.[3] ‖ 2 κ]αὶ
π[ρ]ὸς Cru.[6] | β[uel μ[‖ 4 μή σε [κν]ισμάτων Cru.[6] ‖ 5 ἀ]νηνύτω[ς Knox[1] ‖
8 non fuit]ολ.[‖ 9 fort. φερωψ |]κ uel]μ ‖ 10]τ uel]χ | φρ[, φρ del. et νο sscr.
(i. e. φρ[εν- corr. in νο[- Knox[11]) ‖ 12 ἐξοι[σ- Cru.[21] ‖ 13 το]κεῦσι Knox[1] | ηειρα,
nescioqu. sup. ηει ‖ 10 tit. Μολπῖνος Meineke   μολπεινοῦ codd. ‖ 1 ἥλιον = annum
uix credibile; lac. stat. Cun.[5] ‖ 3 οὐπέκεινα Porson (ad Eur. Hec. 1090 = 1108)
ὁ ὑπὲρ ἐκεῖνο codd. ‖ 4 αὐγὴ Salmasius   αὕτη codd. | ζοῆς ten Brink (ζόης Por-
son) ζωῆς codd. | ἀπήμβλυνται Salmasius   ἀπήμβλυντο codd.

11. *ΣΥΝΕΡΓΑΖΟΜΕΝΑΙ*

προσφὺς ὅκως τις χοιράδων ἀνηρίτης

12. Ex incerto mimiambo

ἢ χαλκέην μοι μυῖαν ἢ κύθρην παίζει
ἢ τῆισι μηλάνθηισιν ἅμματ᾽ ἐξάπτων
τοῦ κεσκίου μοι τὸν γέροντα λωβᾶται.

13. Ex incerto mimiambo

ὡς οἰκίην οὐκ ἔστιν εὐμαρέως εὑρεῖν
ἄνευ κακῶν ζώουσαν· ὃς δ᾽ ἔχει μεῖον,
τοῦτόν τι μέζον τοῦ ἑτέρου δόκει πρήσσειν.

Fragmenta papyracea nondum collocata

35	53	–
...	...	...
τ[	]ξυ[	]ρ[
ορ[	]..[	]ϙ[
...	...	...

11 Ath. 86 b (de uoc. ἀναρίτης) Ἡρώνδας δ᾽ ἐν Συνεργαζομέναις ‖ 12 Stob. 4, 24 d, 51 (4, 617 H.) (περὶ νηπίων) Ἡρώδου μιμιάμβων ‖ 13 Stob. 4, 34, 27 (5, 834 H.) (περὶ τοῦ βίου) Ἡρώδα μιμιάμβων ‖ fr. 35 fort. ad 8, 33 – 38 pertinet. fr. 53 quo pertineat incertum. fr. sine numero uulg. in 2, 19 ut δ uerbi δωρεην collocatum, falso

11 1 προσφῦσ᾽ Bue.² | ἀνηρίτης Meineke   ἀναρίτης codd. ‖ 12 1 χαλκέην A   χαλκαίην MS | μυιαν AM   μυιην S ‖ 2 τῆισι Meineke   ταῖσ(σ)ι codd. | μηλάνθηισιν Gaisford   μηλάνθασιν codd. ‖ 3 κεσκίου Salmasius   κεσκέου codd. | λωβᾶ-ται Knoch   λωβῆται codd. ‖ 13 3 τοῦτον Schneidewin   τούτου codd. | μέζον Mei.⁴   μεῖζον codd. | δόκει Schneidewin   δοκεῖ codd.

APPENDIX

FRAGMENTA MIMORVM PAPYRACEA

1

col. 1

ἐξ ἀμφοτέρων γέγον᾽ αἵρεσις·
ἐζευγνίσμεθα· τῆς φιλίης Κύπρις
ἐστ᾽ ἀνάδοχος. ὀδύνη μ᾽ ἔχει,
ὅταν ἀναμνησθῶ
5   ὥς με κατεφίλει ᾽πιβούλως μέλλων
με καταλιμπάν[ει]ν
ἀκαταστασίης εὑρετὴς
καὶ ὁ τὴν φιλίην ἐκτικώς.
ἔλαβέ μ᾽ ἔρως,
10   οὐκ ἀπαναίναμαι, αὐτὸν ἔχουσ᾽ ἐν τῆι διανοίαι.
ἄστρα φίλα καὶ συνερῶσα πότνια νύξ μοι
παράπεμψον ἔτι με νῦν πρὸς ὃν ἡ Κύπρις
ἔκδοτον ἄγει με καὶ ὁ

1 P. Grenf. 1ᵛ (= P. Lit. Lond. 50; Londini, Bibl. Brit. inu. n. 605). ed. pr.
B. P. Grenfell, An Alexandrian Erotic Fragment and other Greek Papyri, 1896
(addenda in id. et A. S. Hunt, New Classical Fragments, 1897). postea: Crusius,
ed. 4 et 5 Herodae, Powell 177−180, Manteuffel no. 18, Diehl ALG 2, 6, 197−200.
Pack² 1743 (cf. imprimis Wilamowitz, NGG 1896, 209−232)

1 Papyrus in recto contractum anni octaui Ptolemaei Philometoris (a. C. 173)
praebet, itaque saeculo alteri a. C. tribuenda est. ipsam contuli. signum : habet
post 2 ἐζευγνίσμεθα, 3 ἀνάδοχος, 4 ἀναμνησθῶ, 7 εὑρετής, 9 ἔρως, 11 καί, 17 ὀδυνᾶι,
22 ἀδικίαν, 24 καταλελειμμένη, 26 χρωτισθήσομαι, 28 δουλεύειν, 30 καρτερεῖν, 45 δυ-
νήσομαι, 55 διαφορου, 57]ρη. paragraphos habet post 5, 9, 17, 21, 32, 36, 42, 46, 53,
62. in col. 1 uersus secundum metrum (de quo uid. Wilamowitz, l. c., et M. L. West,
ZPE 45, 1982, 12−13) diuisi, ut apud Powell: metrum negligit papyrus, quam
quin in col. 2 sequamur facere non possumus. metrum: ‸ 4 da | 4 da | 2 ia || δ ||
⁵ hδ δ | δ | anap cr | anap cr | ia | ¹⁰ 6 da || cr δ ba | 2 anap | 2 cr | 2 cr |
¹⁵ anap cr | 2 anap | 2 ia || ia | δ anap | ²⁰ δ hδ | δ | lec | 2 δ | 2 δ || ²⁵ 2 δ ||
2 δ | 2 δ | 2 δ | 2 δ | ³⁰ 2 δ | 2 δ || 2 δ | ? 3 chor || cr 2 ia sp | ³⁵ δ | anap
cr | δ ia | δ || cr δ | ⁴⁰ lec

5 μ᾽ ἐπιβούλως κατεφίλει Wil. || 7 post εὑρετής interp. Maas || 10 απαναιναμαι, α
quartum e corr. -ομαι Schroeder

36

πολὺς ἔρως παραλαβών.
συνοδηγὸν ἔχω τὸ πολὺ πῦρ   15
τὸ ἐν τῆι ψυχῆι μου καιόμενον.
ταῦτά μ᾽ ἀδικεῖ, ταῦτά μ᾽ ὀδυνᾶι.
ὁ φρεναπάτης,
ὁ πρὸ τοῦ μέγα φρονῶν, καὶ ὁ τὴν Κύπριν οὐ
φάμενος εἶναι τοῦ ἐρᾶν μεταιτίαν   20
ρὖκ ἤνεγκε ρῦν
τὴν τυχοῦσαν ἀδικίην.
μέλλω μαίνεσθαι· ζῆλος γάρ μ᾽ ἔχει,
καὶ κατακα⟨ί⟩ομαι καταλελειμμένη.
αὐτὸ δὲ τοῦτ[ό] μοι τοὺς στεφάνους βάλε,   25
οἷς μεμονωμένη χρωτισθήσομαι.
κύριε, μή μ᾽ ἀφῆις ἀποκεκλειμένην·
δέξαι με· εὐδοκῶ ζήλωι δουλεύειν.
†ἐπιμανουσοραν† μέγαν ἔχει πόνον.
ζηλοτυπεῖν γὰρ δεῖ, στέγειν, καρτερεῖν.   30
ἐὰν δ᾽ ἐνὶ προσκάθει μόνον ἄφρων ἔσει.
ὁ γὰρ μονιὸς ἔρως μαίνεσθαι ποιεῖ.
γίνωσχ᾽ ὅτι θυμὸν ἀνίκητον ἔχω
ὅταν ἔρις λάβηι με· μαίνομ᾽ ὅταν ἀναμ[νή]σωμ᾽
εἰ μονοκοιτήσω,   35
σὺ δὲ χρωτίζεσθ᾽ ἀποτρέχεις.
νῦν ἂν ὀργισθῶμεν, εὐθὺ δεῖ
καὶ διαλύεσθαι.
οὐχὶ διὰ τοῦτο φίλους ἔχομεν
οἳ κρινοῦσι τίς ἀδικεῖ;   40
νῦν [ἂ]ν μὴ ἐπι[col. 2
ἐρῶ, κύριε, τὸν [
νῦν μὲν ουθε[
πλυτης ο[
δυνήσομαι [45
κοίτασον ἧς ἐχ[

19 καὶ del. West ‖ 20 ⟨μ᾽⟩ ἐρᾶν West | μεταιτίαν paene certum (hoc uel μοι αἰτίαν ed. pr. μου αἰτίαν Wil. παραιτίαν Manteuffel) ‖ 21 νῦν Cru. ἐμὴν id. postea μ᾽ ἂν Manteuffel ‖ 22 ἀδικίην Cru. αδικιαν ‖ 28 ζηλῶ Scott ‖ 29 ἐπιμανοῦς ἐρᾶν Bla. Weil ἐπιμανῶς ἐρᾶν Die. Rohde ἐπιφανοῦς ἐρᾶν Scott ἐπιμανεῖς (postea -οὺς) ὁρᾶν Cru. ἐπὶ μανοὺς ὁρᾶν Manteuffel ‖ 31 ἂν Wil. | προσκαθῆι Grenfell | ἔσηι Weil ‖ 32 μονιος Cru. | {γαρ} μ. ⟨δ᾽⟩ Wil. ‖ 34 ἔρως Vollgraff ‖ 34—35 αναμ[νη]σθωμαι corr. in αναμ[νη]σωμ ει | ὅταν αναμν. del. Wil. ‖ 37 ἂν ὀργ. diuis. Bla. Die. Rohde Weil

ἱκανῶς σου εν[

κύριε, πῶς μ᾿ α.[

50 πρῶτος μεπειρ[

κύρι᾿ ὃν ἀτυχῶς ου[..].[

ὁπ̣ιασθώμεθα ἐμὴν [..]εδε[ἐπι-

τηδείως αἰσθέσθω μ[..]ταν[

ἐγὼ δὲ μέλλω ζηλοῦν τω[

55 δουλ[....]ταν διαφορου. η[

ἀνθρ[ωπο.]ς ἀκρίτως θαυμάζεις [

με.[   ].[.]φ[.]ρη. προσίκου δω[

θαυ[μα   ].χριαν κατεῖδεν ο[

σχω[   ]τωι τοιητα η ετυ[

60 κου[ἐ]νόσησα νηπία· σὺ δέ, κύρ[ιε

και[   ]μμεν..[

λελαλ[ηκ   ]ριεμη.[

2

—   ].[

—   ].ονπ.[

—   ]...[..].[

        ].ω κυριατ[.].[

5 —   ]ν φίλων   [

        ]. μὴ σχεῖν ετ[

2 P. Tebt. 2dᵛ (Berkleiae, Bibl. Vniu. Calif. n. 2471). ed. pr. B. P. Grenfell, A. S. Hunt, J. G. Smyly, The Tebtunis Papyri, 1, 1902. postea: Crusius, ed. 4 et 5 Herodae, Manteuffel no. 20. Pack² 1607

2 P. Tebt. 1 et 2 reliquias anthologiae praebent; scriptae sunt circa a. 100 a. C., ut apparet e contractu in 2 fr. dʳ regn. Cleopatra Euergeta et Ptolemaeo Alexandro eadem manu scripto. in 2 fr. dᵛ mimum ueri similiter agnouit Bla. ap. ed. pr. imaginem phototypicam contuli. paragraphos habet, sed quot locutores sint et qui uu. cuique tribuendi incertum

48/49 uerba κύριε et πῶς κτλ. falso separauit Powell itaque numeros confudit | ἀφ[ῆις Cru. coll. 27   ἀπα[τᾶις Manteuffel || 50 μ᾿ ἐπείρ[ασας Cru. || 51 sic pap. κύρι᾿ ἂν ἀτυχῆις Cru. || 52 ὀπιασώμεθα Powell   ὀπυὰς θώμεθα Cru. sed cf. Mayser, Gr. d. Pap. 1, 1, 383 || 53—55 fragm. litteras ει/δε/λ continens nunc deperditum est || 56—60 fragm. litteras ζεισ/σικουδω/ειδενο/ιρταιετυ/ηπιασυδεκυρ continens nunc deperditum est || 61 καταλελει]μμέν[ην Powell || 62 πε]ρὶ ἐμὴν [ψυχὴν post Grenfell Powell   κύ]ριε, μή μ᾿ [ἀφῆις Manteuffel || 2 1—3, 5 paragraphos hic fuisse indicant spatia interlinearia maiora || 4 κυρία τ- uel κύρια τ- uel κύρι᾿ ἀτ- || 5 τῶ]ν Cru.

].[.]....ακις μονοκ[ο]ι[τ
].με..[.].α[.]ες   [
]αρακυψον ἱκετῶ Κλευπατ̣[ρ
].ν..ον απηλιτριωμεν δοκ̣[
].τα μεταπεσεῖν ἀδύ(νατον) μή μου .[10
]... πέπλευκας μετα[
...( ) .. καὶ απλι( ) αρυ( )[
ἐρῶ μαίνομαι κατ⟨έ⟩αγμαι εμ[
κρο(ῦσον) τὰς θύρα(ς) μὴ μέγα φωνεῖ τ.[15
ἐξαναστατοῦμαι καὶ π.[
δός μοι τὸν τρίβω(να) καὶ β.ν.ε.[
κύριε καθεύδεις κα[..]...[
ἐγὼ δὲ στρέφομαι καὶ ...[
μεθύων ἔρχεται ὁ μέγα ..[20
ὁ κελεης σου γέμει καλεῖ καὶ [

3

A.   γ]έγονεν μεθύων κατα τρο-
         ].μων. πρόσεχε, πρόσεχε.
B.   ]ν Ναΐδες ἁβρόσφυροι
         ] ὑπὸ γὰρ τῶν πολλῶν προπόσεων
         ]λλομαι.   5

3 O. Rein. 1 (Parisiis, Inst. papyrol. Sorbonn. inu. n. 2223). ed. pr. Th. Reinach, Mélanges Perrot, 1903, 291–296. postea: id., Papyrus grecs et démotiques, 1, 1905, Crusius, ed. 4 et 5 Herodae, Powell 181, Manteuffel no. 22, Page no. 74. Pack² 1746

3 Ostracon saeculo altero uel primo a. C. inscriptum est. imaginem phototypicam contuli

7 πολλάκις ed. pr.   τροσρυτάκις μονοκ[ο]ι[τεῖν Cru. ‖ 9 π]αράκυψον ed. pr. | Κλευπάτ[ρα (ed. pr.) uel Κλεύπατ[ρε (Cru.) ‖ 11 μεταπεσιν | π[ειρῶ Cru. ‖ 14 κατ⟨έ⟩αγμαι Cru. ‖ 15 φωνι ‖ 18 καθευδισ, δ e corr. ‖ 20 φρ[ονῶν Cru. ‖ 21 κελεησ, σ corr. ex (?) η   an κέλης? ‖ sub 21 paragr. del. ‖ 3 quot litterae ad initia uu. desint incertum | personas distinxit Rei. ‖ 1 ὁ (ὡς Manteuffel) τλήμων γ]έγονεν Cru.   ὁ δεσπότης παραγ]έγονεν uel δέσποτα, τί γ]έγονεν; Wil. ‖ 2 -πον Rei. | εὐθ]υμῶν Cru.   εὐθ]ύμων Page   ὀρχεῖσθαι ἐπιθ]υμῶν Wil. ‖ inter 2 et 3 maius spatium: uersum breuem hic fuisse censet Rei., paragraphum Cru. ‖ 5 βά]λλομαι Rei.   ἄ]λλομαι Cru.   σφά]λλομαι Wil.

APPENDIX

A.].ν.
B. ἐπὶ δέ τινα κῶμον ὁπλίζομαι
    φ]ιλίης ἔχω τι παρὰ Κυπρίδος ἄδηλον
    ]ς ὁ γόης εἰς τὴν ψυχήν μου εἰσπε-
σὼν]ε παραφρονεῖν.
A.].ρα σαυτοῦ κράτει μή τι πάθῃς.
B.].ι μή με περίσπα. ὁμολογῶ φιλεῖν ἐρᾶν
    ]δικω οὐ πάντες ἁπλῶς τὸ Παφίης
    ]ἐν ἀκρήτωι μᾶλλον ἀνακέκαυκέ με
    ]...μου ......ως οἷς οὐκ ἀντι-

. . . .

4

fr. (a) . . . .

]ε.ρ[
]σανα[   ]..[   ].η
].ετων νγ[..].δ[.]μ[....]ν
].ατην ἰδίω[.] καλλονήν
]σ[..].εχων ἐν τῇ[ι ὁ]δῶι
]ντωσι[..]ωγ[...].ς
]των εμην[...]ν
]ν καὶ πολλα[...]νων
].σ.[.]ιλ[   ] ἀλέκτορά μου [δ]υνάμεθα
]τη..σασω[..]ασω ἐκ περιπάτου

4 P. Oxy. 219 (Nouo Portu, Bibl. Vniu. Yalens. P. 36 – fr. (a) tantum; ubi sit fr. (b) nescitur). ed. pr. B. P. Grenfell, A. S. Hunt, The Oxyrhynchus Papyri, 2, 1899 (addenda ib. 4, 1904). postea: Crusius, ed. 4 et 5 Herodae, Powell 182 – 184, Manteuffel no. 23, Page no. 75. Pack² 1744

4 Papyrus, litteris cursiuis scripta, inter documenta saeculi primi p. C. (P. Oxy. 259, 285) inuenta est. ipsam contuli. metra uaria dispiciunt nonnulli (choriambo-cretica Cru., ionica uel anapaestica Croenert, senarios Plautinos Prescott)

6].ν: | δεττινα, τ pr. del. || 7 φ]ιλίης Rei., ante hoc κέντρον id. τραῦμα Cru. σύμβολον Wil. || 8]σ Cun. (? ἔρω]ς)]β Rei. (ἔρως μ᾽ ἔλα]β᾽) || 9 -σὼν ποιεῖ μ]ε (uel ἐποίησ]ε) Rei. || 10 ρα., litt. ult. del. | παθησ || 11 κ]αὶ Rei. || 12 καὶ οὐκ ἀντι]δικῶ Rei. κωμάζειν. τί δ᾽ ἀ]δικῶ Wil. | ⟨τῆς⟩ Π. Page || 13 φιλοῦμεν καὶ] Rei. δῆγμα φέρουσιν] Wil. || 14 Βρόμ]ιος ὁμοῦ καὶ Ἔρως Rei., sed κ dubium et spatium maius || 15 -σχεῖν Rei., tum δύναμαι id. ἔξεστι Beazley ap. Page || 4 fr. (a) 4 ἰδίω[ν] uel ἰδίω[ς] || 8 [στέ]νων ed. pr. || 10 τηρήσας ed. pr.

40

].ιθο[....]σα...... δρόσοις
]κουσ[.].[..]νησα[.]τα τὸν βαρ[....]χηι
π]αιδὸς ἐφύλασσεν ὁ φίλος μου τρυφῶν
τέ]κνον τη[ρ]ῶν ἐν ταῖς ἀγκάλαις
ἀπορο]ῦμαι ποῦ βαδίσω. ἡ ναῦς μου ἐρράγη.   15
τὸν κ]α[τ]α[θ]ύμιον ἀπολέσας ὄρνιθά μου κλαίω
φ]έρε τὸ ἐρνίο[ν] τροφὴν αὐτοῦ περιλάβω
τοῦ μ[αχ]ίμου τοῦ ἐπεράστου τοῦ Ἑλληνικοῦ.
χάρ[ιν τ]ούτου ἐκαλούμην μέγας ἐν τῶι βίω[ι]
καὶ [ἐλ]εγόμην μακάρι[ο]ς, ἄνδρες, ἐν τοῖς
φιλοτροφί(οις).   20
ψυχομαχῶ· ὁ γὰρ ἀ[λ]έκτωρ ἠστόχηκέ μου
καὶ θακαθαλπάδος ἐρασθεὶς ἐμὲν ἐγκατέλιπε.
ἀλλ' ἐπιθεὶς λίθον ἐμαυτοῦ ἐπὶ τὴν καρδίαν
καθ[η]συχάσομαι. ὑμε[ῖ]ς δ' ὑγιαίνετε, φίλοι.

. . . .   fr. (b)
]ωφ[
].μμ[
]υσυμ[
]ις νοσρ[
]ναν   5
]πολι.[
]τεμ[
]ταψυχ[

5

ἅρματι λευκοπώ[λ]ωι ἄρτι Τραϊαν[ῶι
συνανατείλας ἥκω σοι, ὦ δῆμ[ε,

5 P. Giss. 3 (Gissae, Bibl. Vniu. inu. n. 20). ed. pr. E. Kornemann, Klio 7, 1907,
278—288. postea: id., Griechische Papyri zu Giessen, 1910, no. 19, Manteuffel
no. 12, Heitsch no. 12. Pack² 1748

5 Papyrus a. 117 p. C. Heptacomiae scripta est; detrimentum per aquam a.
1945 accepit. imaginem phototypicam contuli

11 uestigia perdubia: σαι παρ' ἀλιδρόσοις ed. pr., sed δαι potius quam αλι ||
12 fort.]ρ[|| 15 εραγη || 16 κλαιωι || 17 περιλαβωι || 19 τω || 21 ψυχομαχωι ||
22 ενκατελιπε || 23 εματον || 24 ημε[ι]σ ut uid. | fr. (b) utrum ex eadem qua
fr. (a) columna an ex ima priore incertum || 5 totum Phoebo trib. Kornemann,
1—6a Phoebo, 6b—Demo Wilcken Croenert || 1 λευκω- corr. in λευκο-

οὐκ ἄγνωστος Φοῖβος θεὸς ἄν[α-
κτα καινὸν Ἀδριανὸν ἀγγελ[ῶν
5   ὧι πάντα δοῦλα [δι'] ἀρετὴν κ[αὶ
πατρὸς τύχην θεοῦ.
              χαίροντες
τοιγ]αροῦν θύοντες τὰς ἑστίας
ἀνάπτωμεν, γέλωσι καὶ μέ-
θαις ταῖς ἀπὸ κρήνης τὰς ψυχὰς
10 ἀνέντες γυμνασίων τε ἀλείμ-
μασι. ὧν πάντων χορηγὸν τὸ
πρὸς τὸν κύριον εὐσεβὲς τοῦ στρα-
τηγοῦ φιλότιμόν τε τὸ πρὸς
. . . .

6

col. 1   ]ωθης πορδὴν βάλε
                                   ]. Β. πορδήν
                                   ]αι δοκοῦσι ἀποτροπαὶ
                                   ]ν ἐπιτήδειον ὄντα
5   ]αςην. τοσαῦτα γὰρ
                                   ]..οτι ἐν τῶι πρωκτῶι μου
                                   ]ν περιφέρω. κυρία Πορδή, ἐὰν δια

6 P. Oxy. 413ʳ,ᵛ col. 4 (Oxonii, Bibl. Bodl. MS. Gr. class. b. 4(P)). ed. pr. B. P. Grenfell, A. S. Hunt, The Oxyrhynchus Papyri, 3, 1903 (addenda ib. 5, 1908). postea: Crusius, ed. 4 et 5 Herodae, Manteuffel no. 13, Page no. 76. Pack² 1745. Wiemken 48, 106

6 Papyri latus rectum saeculo altero p. C. medio scripta est, uersum (col. 4) paulo serius. ipsam contuli. praeberi lineamenta tantum fabulae, in agendo complenda, post Reich statuit Wiemken. de lingua Indica uid. (post Hultzsch, Barnett, Rice) B. A. Saletore, Ancient Karnataka, 1, 1936, 583. dramatis personae: *A.* (uel *Ā.*) = Charition, *B.* = scurra, *Γ.* (uel *Γ̄.*) = frater Charitii, *Δ.* = nauarchus, *Z.* = barbara, ϛ. = ? proreta, Ϲ. = barbara, *ΒΑΣ*(ιλεύς), *ΚΟΙ*(νῆι), *ΓΥΝ*(ή), *ΑΔ*(λη). παρεπιγραφαί: πορδή, πέρδεται, κροῦσις, ἀναπεσ( ), καταστολή. signa musica: τ̄ (πλ) (ε') = τυμπανισμός (πολύς) (πεντάκις), × et ×- = κροταλισμός, Ζ = ? metra: 88—91 sotadei; 96 (et ? 97) 3 ia∧; 98—100, ? 101—103, 104, 106 4 tr; 105 3 ia

4 ἀγγελ[ῶν Wilcken || 13 και φιλοτιμον, και del. et τε sscr. || 14 [τὸν δῆμον] Kornemann [ὑμᾶς] Meyer [ἡμᾶς] Wilcken || 6 1—36 cum B loqui ϛ censet Cru., Z Winter, Δ Wiemken || 1 ἵνα δὲ διασ]ωθῆις Sudhaus || 4 πρωκτὸ]ν Cru. || 6 δη-λ]ορότι Sudhaus ἔλεγ]ον ὅτι Cru. | τωπρωκτω

     ]ν ἀργυρᾶν σε ποιήσας
     ]
     ]. οὗτοι παραγίνονται. ‾τ   10
     ]. ΚΟΙ. αβορατον Ζ
     ]μαλαλαγαβρουδιττακοτα
     ]ρασαβαδιναραπρουτιννα
     ]..[....]ακρατιευτιγα
     ]μα   15
B.   ]ωσαδω[.]χαριμμα Ζ
     ὁ πρω]κτός μου ἀπεσφήνω-
  ται   ἐν τ]ῶι πελάγει χει-
  μών   ]αι ἐρεγμὸν
     κ]ατεῖδαν αὐτῶν   20
ΚΟΙ.   ]λαβαττα ×
     ]‾τ πέρδ(εται) *B.*
     ]ον πορδὴν
     ]μενω
     ]ην σου ποιήσας   25
     ]ασαι μοι εἰπεῖν
    Ψώλι]χον ποταμὸν
     ].μος τῆς πορδῆς
     ] κεκρυμμένος
     σύ]γχαιρέ μοι λελυμέν(ωι) 30
     ] Γ. λάλει βα-
     ]α. Ζ. λεανδα
     ]ομαι αὐτὰς
     ]
     ]αλεμμακα ×⁻   35
     ]ν ×
B. δοκῶ χοιριδίων θυγατέρες εἰσί· ἐγὼ καὶ ταύτας r col. 2
   ἀπολύσω. ‾τ πορδ(ή) ΚΟΙ. αἱαρμινθι ×- ‾τ
B. καὶ αὗται εἰς τὸν Ψώλιχον πεφεύγασι.   40
Γ. καὶ μάλα, ἀλλὰ ἑτοιμαζώμεθα [ἐ]ὰν σωθῶμεν.

8 -σωθῶ ed. pr. ‖ 10 παραγεινονται ‖ 13 βοδωσαρ, οδωσα del. et αδινα sscr., fort. a scriba lateris uers. ‖ 14]αξ, ξ del. ‖ 17 *B* Cru. | ὁ πρω]κτός ed. pr. ‖ 18 ed. pr. | τω ‖ 21 *ΚΟΙ.* Knoke ‖ 27 ed. pr. ex 40. 129 ‖ 28 ὁ ἄν]εμος Sudhaus ‖ 30–36 linea includuntur: 107–149 inserendi erant ‖ 30 ς. κυρία Χαρίτιον, σύ]γχαιρε ed. pr. ex 107 (*B* trib. Knoke, *Γ* Cru.) |]ν ‖ 35 *ΚΟΙ.*] Cru. ‖ 36 sub col. scriptum est τὸ εἴσω ἢ ὡς μεν[‖ 39 ἀπολούσω Knoke ἀπελάσω Page ‖ 40 ψωλειχον

43

B.	κυρία Χαρίτιον, ἑτοιμάζου ἐὰν δυνηθῆι τι
	τῶν ἀναθημάτων τῆς θεοῦ μαλῶσαι.
Ā.	εὐφήμει· οὐ δεῖ τοὺς σωτηρίας δεομένους με-
45	θ᾽ ἱεροσυλίας ταύτην παρὰ θεῶν αἰτεῖσθαι.
	πῶς γὰρ ὑπακούουσι ταῖς εὐχαῖς πονηρίαι
	τὸν ἔλεον μέλλοντες παρ[ασπᾶ]σθαι; τὰ τῆς
	θεοῦ δεῖ μένειν ὁσίως.
B.	σὺ μὴ ἅπτου· ἐγὼ ἀρῶ. *Ā.* μὴ παῖζε, ἀλλ᾽ ἐὰν παρα-
50	γένωνται διακόνει αὐτοῖς τὸν οἶνον ἄ[κ]ρατον.
B.	ἐὰν δὲ μὴ θέλωσιν οὕτως πίνειν;
Γ.	μωρέ, ἐν [τ]ούτοις τοῖς τόποις οἶνος [..].ων..[
	λοιπὸν [δὲ] ἐὰν τοῦ γένους δράξω[ν]τα[ι] ἀπειρ[ί]αι [πο-
	θοῦντ[ες] ἄκρατον πίνουσιν.
55	*B.* ἐγὼ αὐτοῖς καὶ τὴν τρυγίαν διακο[ν]ῶ.
Γ.	αὐτοὶ δὲ οὗτοι λελουμένοι μετὰ τῶν [.......]
	παραγίνονται. ⊺ ἀναπεσ( ) ⊺ δ.......[..].....[
BAΣ.	βραθις. *KOI.* βραθεις. *B.* τί λέγουσι;
Γ.	εἰς τὰ μερίδιά φησι λάχωμεν. *B.* ....[.]...
60	*BAΣ.* στουκεπαιρομελλοκοροκη. *B.* βάσκ᾽, ἄλαστε·
BAΣ.	[.]ραθιε Ζ⊺ βερη· κονζει· δαμνν· πετρεκιω
	πακτει· κορταμες· βερη· ϊαλερω· δεπωμενζι
	πετρεκιωδαμντ· κινζη· παξει· ζεβης· λολω
	βια· βραδις· κοττως. *KOI.* κοττως.
65	*B.* κοττως ὑμᾶς λακτίσαιτο. *BAΣ.* ζοπιτ ⊺
B.	τί λέγουσι; *Γ.* πεῖν δὸς ταχέως.
B.	ὀκνεῖς οὖν λαλεῖν; καλήμερε, χαῖρε. × ⊺
BAΣ.	ζεισουκορμοσηδε. ⊺ *B.* ἆ, μὴ ὑγιαίνων.
Γ.	ὑδαρές ἐστι, βάλε οἶνον. ⊺ π(ο)λ(ύς)
70	*Ϲ.* σκαλμακαταβαπτειραγουμι.
Z.	τουγουμμι × νεκελεκεθρω. Ϲ· ειτουβελλετρα
	χουπτεραγουμι. *B.* αἲ × μὴ ἀηδίαν· παύσασθε. ⊺ ×
	αἲ × τί ποιεῖτε; *Z.* τραχουντερμανα.
r col. 3	*Ϲ·* βουλλιτικαλουμβαϊ πλαταγουλδα × βι[
75	*B.* απηλευκασαρ. ⊺ *B*[*AΣ.*] χορβονορβοθορβα[
	τουμιωναξιζδεσπιτ πλαταγουλδα × βι[

---

42 δυνηθησ ‖ **46** ὑπακούσουσι Page ex 141 | ⟨τῶν⟩ πονηρίαι Sudhaus | πονηρια ‖ **47** μελλόντων ed. pr. | παρ[ασπᾶ]σθαι Sudhaus coll. 142 ‖ **49** *Γ.* μὴ Wiemken ‖ **51** πεινειν | **52** [οὐ]κ ὤνε̣[ος ed. pr. ‖ **53** ἀπειρ[ί]αι [πο- Manteuffel απειρ[.]α[‖ **54** πεινουσιν ‖ **57** παραγεινονται | ἀναπεσ(ών) Preisendanz alii alia ‖ **68** α᾽ | ὑγίανον Knoke

σεοσαραχις. 𐅂 ΒΑΣ. [...]ορaδω × σατυρ[
ΒΑΣ.   οναμεσαρεσυμψαραδαρα × ηι ×́ ια × δα[
Β.   μαρθα × μαριθουμα εδμαῖμαῖ × μαΐθρ[
        θαμουνα μαρθα × μαριθουμα. 𐅂 .[....]τυρ[80
ΒΑΣ.   μαλπινιακουρουκουκουβι ×- καρακο.[..]ρα. [
ΚΟΙ.   αβα. ΒΑΣ. ζαβεδε ×- ζαβιλιγιδουμβα. ΚΟ[Ι.] αβα ουγ[
ΒΑΣ.   πανουμβρητικατεμανουαμβρητονουενι. [
ΚΟΙ.   πανουμβρητικατεμανουαμβρητονουενι [
        παρακουμβρητικατε[μ]ανουαμβρητονουενι [85
        ολυσαδιζαπαρδαπισκουπισκατεμαναρειμαγ[
        ριδαου ×- ουπατρι[.]α ×- 𐅂 ε′ [
ΒΑΣ.   [βά]ρβαρον ἀνάγω χορὸν ἄπλετον, θεὰ Σελή[νη,
        πρὸς ῥυθμὸν ἀνέτωι βήματι βαρβάρω [⏑__
        Ἰνδῶν δὲ πρόμοι πρὸς ἶ[ε]ρόθρουν δότε × [⏑⏑__   90
        [Σ]ηρικὸν ἰδίως θεαστικὸν βῆμα παραλ[.]..[
        𐅂 π(ο)λ(ύς) κροῦσ(ις)   ΚΟΙ. ορκισ[.].   Β. τί πάλι
        λέγουσι;[
Γ.   ὄρχησαί φησι. Β. πάντα τὰ τῶν ζώντων. 𐅂 πορδ(ή)
[Γ.]   ἀναβαλόντες αὐτὸν ταῖς ἱεραῖς ζώναις κατα[δήσα]τε.
        𐅂 π(ο)λ(ύς)   ΚΑΤΑΣΤΟΛΗ   95
Β.   οὗτοι μὲν ἤδη τῆι μέθηι βαροῦνται.
Γ.   ἐπαινῶ. σὺ δέ, Χαρίτιον, δεῦρο ἔξω.
Ᾱ.   δεῦ[ρ', ἀδ]ελφέ, θᾶσσον. ἄπανθ' ἔτοιμα τυγχάγ[ει;
Γ.   πάντα γ[ά]ρ. τὸ πλοῖον ὁρμεῖ πλησίον. τί μέλλετε; [
        σοὶ [λέ]γω, πρωρεῦ, παράβαλε δεῦρ' ἄγων τη[__⏑__   100
Δ.   ἐὰν π[ρ]ῶτος ἐγὼ ὁ κυβερνήτης κελεύσω. [
Β.   πάλι λαλεῖς, καταστροφεῦ; [
        ἀπο[λ]ίπωμεν αὐτὸν ἔξω καταφιλεῖν πύνδ[ακα.
Γ.   ἔνδον ἐστὲ πάντες; ΚΟΙ. ἔνδον. Α. ὦ τάλαιν[⏑__⏑__
        τρόμος πολύς με τὴν παναθλίαν κρατεῖ. [105
        εὐμενής, δέσποινα, γίνου· σῶζε τὴν σὴν προ[⏑__

S.   κυρία Χαρίτιον, σύγχαιρε τουτ[v col. 4
        λελυμένωι.   [

81 κουβι, o corr. ex v ‖ 82 ου⟨ε⟩ν[ι ed. pr. coll. 83−84 ‖ 88 ed. pr. ‖ 89 ἄνετον
ed. pr. | [προβαίνων ed. pr. [χορεύων Sudhaus ‖ 90 [τυπανισμόν, postea [τερετι-
σμόν uel [κιθαρισμόν Cru. [κρότον αὐλόν Sudhaus [κροταλισμόν Winter (× ut κρο-
ταλισμόν interpr. Manteuffel) ‖ 91 [Σ]ηρικὸν Cru. | παραλ[λ]άξ Cru. ‖ 94 ἴεραισ |
suppl. ed. pr. ‖ 96 τημεθη ‖ 98 ⟨ἄρ⟩α πάνθ' ed. pr. ‖ 100 τή[ν ναῦν ταχύ ed. pr. ‖
101 πρώτως ed. pr. ‖ 103 ⟨τὸν⟩ πύνδ[ακα ed. pr. ‖ 106 γεινου | πρό[σπολον ed.
pr. ‖ 107 συνχαιρε | τούτ[ωι Cru. ‖ 108 λελυμενω

45

APPENDIX

(190)	A.	μεγάλοι οἱ θεοί. [
110	B.	ποῖοι θεοί, μωρέ; πορδή [
	A.	παῦσαι, ἄνθρωπε. [
	ς.	αὐτοῦ με ἐκδέχεσθε, ἐγὼ δὲ πορ[ευ-
		θεὶς τὸ πλοῖον ἔφορμον [
(195)		ποιήσω. [
115	A.	πορεύου. ἰδοὺ γὰρ καὶ αἱ γυναῖκες [
		αὐτῶν ἀπὸ κυνηγίου παραγίνοντα[ι.
	B.	οὔ, πηλίκα τοξικὰ ἔχουσι. [
	ΓΥΝ.	κραννον. ΑΛ. λαλλε. [
(200)	ΑΛ.	λαιταλιαντα λαλλεαβ..αιγμ[
120	ΑΛ.	κοταϙως αναβ.ιωσαρα. [
	B.	χαίρετε. Ζ [
	ΚΟΙ.	λασπαθια. × [
	B.	αἲ κυρία, βοήθει. [
(205)	A.	αλεμακα × ΚΟΙ. αλεμακα[
125	B.	παρ' ἡμῶν ἐστι †ουκηλεω† μὰ τὴν Ἀ[
	A.	ταλαίπωρε, δόξασαί σε πολέμι[ο]ν [
		εἶναι παρ' ὀλίγον ἐτόξευσαν. [
	B.	πάντα μοι κακά. θέλεις οὖν κα[....].[
(210)		εἰς τὸν Ψώλιχον ποταμὸν [;
130	A.	ὡς θέλεις. т̄ B. πορδ(ή) [
	ΚΟΙ.	μινει.
	S.	κυρία Χαρίτιον, καταρχην[
		ἀνέμου ὥστε ἡμᾶς πε[
(215)		τὸ Ἰνδικὸν πέλαγος ὑπ[
135		ὥστε εἰσελθοῦσα τὰ σε[αυτῆς ἆρον
		καὶ ἐάν τι δύνηι τῶν ἀν[
		τῆς θεοῦ βάστασον. [
	A.	σ[ω]φ[ρό]νησον, ἄνθρωπε· ο[ὖ δεῖ τοὺς σω-
(220)		τηρία[ς] δεομένους μετ[ὰ ἱεροσυλίας
140		ταύτην ἀπὸ θεῶν αἰτε[ῖσθαι.
		πῶς γὰρ ὑπακούσουσιν αὖ[τῶν πονη-
		ρίαι τὸν ἔλεον ἐπισπωμ[ένων;
	B.	σὺ μὴ ἅπτου, ἐγὼ ἀρῶ.

112 εγδεχεσθε | suppl. ed. pr. ‖ 125 Ἀ[θήνην ed. pr. Ἄ[ρτεμιν Cru. ‖ 127 ολι-γον, o alt. ex α corr. ‖ 128 κα[ὶ ταύ]τ[ας Cru. ‖ 129 [ἀπελάσω Cru. ‖ 132 -ὴν [βλέπω τοῦ ed. pr. -ὴ ν[ῦν ἀγαθοῦ Sudhaus ‖ 133 πε[ράσαντες ed. pr. ‖ 134 ὑπ[οφυ-γεῖν ed. pr. ‖ 135 suppl. ed. pr. ex 144 ‖ 136 δυνη | ἀν[αθημάτων ed. pr. ‖ 138—142 suppl. ed. pr. ex 44—48 ‖ 142 ρια

S.   τοίνυν τὰ σεαυτῆς ἆρον.   (225)

A.   οὐδ᾽ ἐκείνων χρείαν ἔχω, μόγ[ον δὲ τὸ πρόσω-   145
        πον τοῦ πατρὸς θεάσασθ[αι.

S.   εἴσελθε τοίνυν. σὺ δὲ ὄψομ.[
        διακονήσῃς ἀκρατέστερ[ον
        διδούς, αὐτοὶ γὰρ οὗτοι πρ[(230)

7

                    ca. xxii uersus   col. 1
                    ].[   ].[
                    ]κτη[.]ισυ.[
                    ]...[ ]εντα[
                    ]αιψ..ιδρω[.]τ
                    ]σ[.]ψ..[ ]τ
                    ]..[   ].
                    ].[   ].[
                    ca. xv uersus
[   ]ζωσωμαι.   col. 2
ἐρῶ νῦν παιδ( ).
[αὐ]τὸν ἵνα με βινήσῃι.
τί οὖν [μά]στιγας.
δοῦλε, προσελθὼν [   ].   5
φαιδρόν.
μαστιγία, ἐγὼ ἤ κυρία[   ]υτου. κελεύω καὶ οὐ γίνεται;
οὐ θέλεις [   ]δινες( ) ποιησ( ).
μ..[..]ν τὰς μάστιγ(ας) [   ]στ( ) ποησ( ).

---

7 P. Oxy. 413ᵛ col. 1−3 (Oxonii, Bibl. Bodl. MS. Gr. class. b. 4 (P)). ed. pr.
B. P. Grenfell, A. S. Hunt, The Oxyrhynchus Papyri, 3, 1903. postea: Crusius,
ed. 4 et 5 Herodae, Manteuffel no. 14, Page no. 77. Pack² 1745. Wiemken 81

7 Papyrus saeculo altero p. C. scripta est. ipsam contuli. praeberi (nisi in dia-
logo ad finem) tantum uerba archimimae statuit Rostrup. idem et Lyngby uide-
runt lineis obliquis indicari eam loqui desinere, tum aut alium (uel alios) loqui aut
aliquid agi. tales eius locutiones in capita disposui, quae numeraui. etiam ad finem
(71 sqq.) textum integrum non habemus: nam 73−80 parasitum loqui necesse est,
81−83 dominum, sed capita lineis separantur. scenae in papyro non distinguuntur.
signa: (11) ⸖ , (81) Ξ′

145−146 suppl. ed. pr. ‖ 148 [ον τὸν οἶνον ed. pr. ‖ 149 πρ[οσέρχονται ed. pr. ‖
7 1 ἵνα ἀπο]ζώσωμαι Cru. ‖ 2 παιδ(ίου) ed. pr.   παιδ(ός) Cru. ‖ 3 βεινηση ‖
6 Φαῖδρον Winter ‖ 7 α]ὐτοῦ ed. pr.   το]ύτου Cru.

                                                47

10 οὐδὲ σὺ θέλεις; παῖδες, τοὺς [   ] οὐδὲν γίνεται;
δὸς ὧδε τὰς μάστιγ(ας).
[   ]έστηκεν Αἴσωπ(ος) ὁ τὴν δούλ(ην)
καταδεξό(μενος) [..]ιον [τοὺς ὀδό]ντας ἀράσσ(ουσα)
αὐτ(ῶι) ἐκτινάξ(ω). ἰδού. ⸗
[κ]υρί᾿ εἰ δέ σ[ε] σκάπτειν ἐκέλενο(ν);
εἰ δ᾿ ἀροτριᾶν;
[εἰ] δὲ λίθ[ους] βα[σ]τάζ(ειν);
15 πάντων οὖν τῶν ἐν τῶι ἀγρῶι ἔργων γινομέν(ων)
ὁ ἐμός σοι κύσθ(ος) σκληρότερ(ος) ἐφάνη τῶι
γυναικε(ίωι) γέν(ει) συντεθραμμ(ένωι). [ἀ]λόγιστ(ε),
πονηρί(αν) τινὰ μέν(εις) καὶ αὐχ(εῖς), καὶ τοῦτ(ο)
σὺν τῆι πώλ(ωι) Ἀπολλ(ωνίαι). ὥστε, παῖδ(ες),
συλλαβόντ(ες) τοῦτον ἕλκετε ἐπὶ τὴν πεπρωμένην.
προάγετε νῦν κἀκείνην ὡς ἐστὶν πεφιμωμένη.
ὑμῖν λέγω, ἀπαγαγόντες αὐτοὺς κατὰ ἀμφότερα τὰ
ἀκρωτήρι[α.].. τὰ παρακείμενα δένδρα προσδήσατε,
μακρὰν διασπ[ά]σαντες ἄλλον ἀπ᾿ [ἄ]λλου, καὶ
βλέπετε μή πρ[τε] τῶι ἑτέρωι δείξητε μὴ τῆς
ἀλλήλων ὄψεως [πλ]ησθέντες μεθ᾿ ἡδονῆ[ς]
ἀποθάνωσι. σφαγιάσαντες δὲ αὐτοὺς πρός με ε..
ἀντᾶτε. εἴρηκα. ἐγὼ δ᾿ ἔνδον εἰσελεύσομα[ι].

τί λέγετε ..[...]; ὄντως ο[ἱ] θεοὶ ὑμῖν ἐφαντάσθ(ησαν);
[κ]αὶ ὑμεῖς ἐφοβήθ[ητ]ε;
κα[ὶ] ἐχεῖν(οι) ..[.]..(   ) γεγόνασι;
20 [ἐ]γὼ [ὑ]μῖν καταγγέλ[λω].
ἐκεῖνοι εἰ καὶ ὑμᾶ[ς] δ[ιέ]φυγεν τοὺς ὀρε[ο]φ[ύλ]ακας
οὐ μὴ λάθωσι. νυνὶ δὲ τοῖς θεοῖς ...αρασαι
βούλομαι, Σπινθήρ.
ὄμοσον.

10 [παῖδας καλῶ.] Cru. | μαστειγ( ) ‖ 11 [τοὺς ὀδό]ντας post Sudhaus Manteuffel | fin. expl. Robert ap. Sudhaus ‖ 15 πάντων — ἐφάνη sscr. et in mg. | ὁ ἐμὸς leg. Knox | σκληρότερ(ος) leg. Sudhaus | τω | συντεθραμμ(ένωι) Cun. -(ένον) uel -(ένε) Sudhaus | συνλαβοντ( ) | πεφειμωμενη ‖ 16 κ]αὶ ed. pr. πρ]ὸς Cru. | ἔσῳ ed. pr. ‖ 17 ὑμ[εῖς] ed. pr. ‖ 19 ἄφ[α]ντ(οι) legi nequit ‖ 20 καταν-γελ[‖ 21 διέφυγον Cru. | δὲ τοῖς θεοῖς ἀπαρᾶσ⟨θ⟩αι ed. pr. δ᾿ ἐπί σε ἐρ⟨ε⟩ίσα-σθαι ὡς ἀ⟨ε⟩ί Knox (init. leg. Hunt)

48

επιπ.σ......ινομενα.

λ[έγ]ετε τὰ πρὸς τὰ̣[ς] θυσίας.

ἐπειδὰν οἱ θεοὶ καὶ ἐπ᾽ ἀγαθῶι ἡμῖν φα[ί]νεσθαι   25

μέλλω(σιν) ὡς προσέχ(οντας) ὑμνήσ(ομεν) τοὺς

θεού[ς].

μαστιγία, οὐ θέλ(εις) ποιεῖν τὰ ἐπιτασσόμε(να);

τί γέγονε[ν; ἤ] μαίνηι;

εἰσελθόντ(ες) ἴδετε τίς ἐστιν.

τί φησιν; [.]...ν ἄρα;

ἴδετε μὴ [κ]αὶ ὁ ὑπερήφανος ἔσω ἐστί.   30

ὑμῖν λέγω, ἀπαλλά̣[ξα]ντες ταύτην παράδοτε τ[οῖς]

ὀρεοφύλαξι καὶ εἴπατε ἐν πολλῶι σιδήρωι τηρεῖν

ἐ̣[π]ιμελῶς.

ἕλκετε, σύρετε, ἀπάγετε.

καὶ ὑ̣[μ]εῖ̣[ς δ]ὲ̣ ἐκεῖνον ἀναζητήσαντες ἀποσφά[ξατε

]ε προβάλετε, ἵνα [ἐγ]ὼ̣ αὐτὸν νεκρὸν ἴδω. [

Σπι]νθήρ, Μάλακε, μετ᾽ ἐμοῦ.

ἐξιοῦσα [ἀκρ]ιβῶς νῦν ἰδεῖν πειράσομαι εἰ

τέθνηκε[ὅ]πως μὴ πάλιν πλανῆι μ᾽ ἔρις.

ὧδε μεν[   ]..μαι τὰ ὧδε. ἐέ.   35

ἰδ[ο]ῦ οὗτος· αἱ ταλαί[πωρε .....] ἤθελες οὕτω

ῥιφῆναι μᾶλλον ἢ ἐμὲ [......; κε]ίμενον δὲ κωφὸν

πῶς ἀποδύρομαι; νεκρῶι [   ].ε γέγονεν,

ἦρται πᾶσα ἔρις. ἀνάπαυσον.

[   ]..[.].μενας φρένας αρω. Σπινθήρ,   col. 3

πόθεν σου ὁ ὀφθαλμὸς ἡμέρωται;

ὧδε ἄνω συνείσελθέ μοι, μαστιγία, ὅπως οἶνον διυλίσω.

εἴσελθε, εἴσελθε, μαστιγία.

ὧδε πάρελθε.   40

ποταπὰ περιπατεῖς; ὧδε στρέφου.

ποῦ σοῦ τὸ ἥμισυ τοῦ χιτωνί(ου);

τὸ ἥμισυ. ἐγώ σοι πάντα περὶ πάντων ἀποδώσω.

---

25 προσέχ(οντας) ὑμνήσ(ομεν) Sudhaus   προσέχ(οντες) ὑμνήσ(ατε) ed. pr. ‖ **27** γέ-
γονε[ν; ἤ] Sudhaus | μαιηη ‖ **29** [ἤ]δ᾽ ἦν Cru.   [π]ο̣ῖο̣ν Manteuffel ‖ **31** πολλωσι-
δηρω ‖ **33** ἀποσφά[ξατε σπάσατ]ε Sudhaus (ἀποσφα[γιάσαντές τ]ε ed. pr., uerb.
nihili) | [ἔλθετε ed. pr. ‖ **34** ἐξιοῦσα esse παρεπιγραφήν censet Wiemken | τέθνηκε[ν
ἐκεῖνος Sudhaus | μερις: μέ τις Sudhaus ‖ **36** σὺ γὰρ] Manteuffel | [φιλεῖν
ed. pr. [βινεῖν Cun. ‖ **37** ἀρῶ ed. pr.   ἄρω Sudhaus

APPENDIX

οὕτω μοι δέδοκται, Μάλακε. πάντας ἀνελοῦσα καὶ
πωλήσασα τὰ ὑπάρχοντά πού ποτε χωρίσεσθαι.
νῦν τοῦ γέροντ(ος) ἐγκρατὴς θέλω γενέσ(θαι) πρίν
τι τούτ(ων) ἐπιγνοῖ. καὶ γὰρ εὐκαίρως ἔχω φάρμακον
θανάσιμον ὃ μετ᾿ οἰνομέλιτος διηθήσασα δώσω
αὐτῶι πεῖν. ὥστε πορευθεὶς τῆι πλατείαι θύραι
κάλεσον
αὐτὸν ὡς ἐπὶ διαλλαγάς.
ἀπελθόντες καὶ ἡμεῖς τῶι παρασίτωι τὰ περὶ τοῦ
γέροντος προσαναθώμεθα.

παιδίον, παῖ.
τὸ τοιοῦτόν ἐστιν, παράσιτε.
οὗτος τίς ἐστι(ν);
αὕτη δέ;
τί οὖν αὐτῆι ἐγένετο;
ἀ[ποκ]άλυψον ἵνα ἴδω αὐτήν.
χρείαν σου ἔχω.
τὸ τοιοῦτόν ἐστιν, παράσιτε.
μετανοήσασ(α) θέλ(ω) τῶι γέροντ(ι) διαλλαγ(ῆναι).
πορευθεὶς οὖν ἴδε αὐτὸν καὶ ἄγε πρὸς ἐμέ, ἐγὼ δὲ
εἰσελθοῦσα τὰ πρὸς τὸ ἄριστον ὑμῖν ἑτοιμάσ[ω].

ἐπαινῶ, Μάλακε, τὸ τάχος. τ[ὸ] φάρμακον ἔχεις
συγκεκραμένον;
καὶ τὸ ἄριστον ἕ[τοι]μόν ἐστι;
τὸ ποῖον;
Μάλακε.
λαβὲ ἰδοὺ οἰνόμελι.
τάλας, δοκῶ Πανόλημπτος γέγονεν ὁ παράσιτος.
τάλας, γελᾶι. σ[υν]ακολουθήσ[α]τε αὐτῶι μὴ καί τι
πάθηι.
τοῦτο μὲν ὡς ἐβ[ο]υλόμην τετ[έ]λεσται. εἰσελθ[όν]τες
περὶ τῶν λοιπῶν ἀσφαλέστερον βουλευσώμεθα.
Μάλακε, πάντα ἡμῖν κατὰ γνώμην προκεχώρηκε, ἐὰν
ἔτι τὸν γέροντα ἀνέλωμεν.

44 ανελουσαι corr. in -σα ‖ 45 ενκρατησ | ευκαιρωσσασα, σασα (ex lin. seq.) del. |
αυτω | τηπλατιαθυρα ‖ 46 τωπαρασιτω ‖ 51 αυτη ‖ 55 τω ‖ 57 συνκεκραμενον

παράσιτε, τί γέγονεν;   ἀγών(ισμα)
αἲ πῶς;
μάλιστα. πάντων γὰρ ν[ῦ]ν ἐγκρατὴς γέγονα.
ἄγωμεν, παράσιτε.
τί οὖν θέλεις;   70

(ΠΑΡ.) Σπινθήρ, ἐπίδος μοι φαιὸν ἱμάτιον.
(ΣΠΙ.) παράσιτε, φοβο[ῦ]μαι μὴ γελάσω.
(ΠΑΡ.) καὶ καλῶς λέγεις.
(ΠΑΡ.) λέξω τί με δεῖ λέγειν.
(ΠΑΡ.) πά[τ]ερ κύριε, τίνι με καταλείπεις;   75
(ΠΑΡ.) ἀπολώλεκά μου τὴν παρρησ(ίαν).
(ΠΑΡ.) τὴν δόξ(αν).
(ΠΑΡ.) τὸ ἐλευθέριον φῶς.
(ΠΑΡ.) σύ μου ἦς ὁ κύριος.
(ΠΑΡ.) τούτωι μόνον — ἀληθῶς οὐ λέγω; — ἄφες. ἐγὼ   80
        αὐτὸν θρηνήσω.
(ΔΕΣ.) οὐαί σοι, ταλαίπωρε, ἄκληρε, ἀ[λγ]εινέ, ἀναφρόδιτε·
        οὐαί σοι, Ξ′ οὐαί μοι.
(ΔΕΣ.) οἶδα γάρ σε ὅστισπ[ε]ρ εἶ, μισο⟨ύ⟩μενε. Σπινθήρ,
        ξύλα ἐπὶ τοῦτον.
(ΔΕΣ.) οὗτος πάλιν τίς ἐστιν;
(ΣΠΙ.) μένουσι σῶοι, δέσποτα.

8

ἤδη σέ περ ὄντα πρὸ τοῦ πολλοῦ
κλαύσω τάφον οἷα θανόντι
πρὸ τοῦ θανάτου στήσας
τέκνον ἅρματα πάντα·
φαοσφόρος σὺ καλεῖ παῖ καὶ σὸν περὶ   5

8 P. Lit. Lond. 51ᵛ (Londini, Bibl. Brit. inu. n. 2103). ed. pr. H. J. M. Milne,
Catalogue of Literary Papyri, 1927. postea: Manteuffel no. 33, Heitsch no. 10.
Pack² 1922

8 Papyrus litteris cursiuis saeculo altero p. C. exeunte scripta est. ipsam contuli.
metrum: plerumque anapaesti, in papyro secundum metra non diuisi

68 ενκρατησ ‖ 71 φαιὸν ἱμάτιον leg. Knox   φόνον ἱκανόν ed. pr. ‖ 80 τουτω |
μόνον — λέγω sscr. ‖ 82 π[ε]ρ Cru. | μεισομενε sscr. ‖ 8 1 πολλου leg. Manteuffel ‖
4 φαοστεκνον, φαοσ (ex lin. seq.) del. ‖ 5 καλει παι leg. Croenert

τύμβον ἱερὸν φυτεύσω δένδρεα
χρύσεα
πτεδάσω νάμασιν ορ...νονσ[
στενάξω δεύτερον ἥλιον ὡς Κλυ-
10 μένη γῶον Ἠριδανοῦ. Κυβέλ[η
σύ με †δευρδο† δίδασκ᾽ ὅτε
νάπαις γαμέτην Φρύγα πῶς νεάγαμ[ον
ἔτεμες περὶ τύμβον ἱερὸ[ν
καὶ μέλος ἔλεγον ὅτε παρὰ π-
15 αππᾶν γεγόνει γυνὴ Παφίη σ...
...[...]εκαι...πτεδασω
16a ἔχουσα τὸν Ἄδωνιν ..ουσα νυ[ ]σπε..[
γόρυς Βυβλιάσιν ἔλεγον αἰᾷ βρα-
χὺς ὑμὴν τὰ γ..... τὰ ἔντιμα
μέλη σεῖστρον καλεῖ σ᾽ ὑφ᾽ ἀρ..
20 ταληθη νυχίαν ἤδη ......
.πας παρα κορη. φυγε φέγγος
ἐμὸν σπευσιν ἐμάγευον ἀλλὰ
μενε κλαίω τέκνον ἔλεγον
ἐμὸν δεύτερον ἥλιον ὡς Κλυ-
25 μένη γῶον Ἠριδανοῦ.

9

col. 1   ]συναις μορβίλλων ὦν ...νου
                ]ν ἅμα κρατῶν ἐν παλάμαις

9 P. Ryl. 15ᵛ (Mancunii, Bibl. Vniu. John Rylands). ed. pr. A. S. Hunt, Cata-
logue of the Greek Papyri in the John Rylands Library, 1, 1911. postea: Powell
200, Manteuffel no. 19, Heitsch no. 11. Pack² 1930

9 Papyrus litteris cursiuis saeculo altero p. C. scripta est. ipsam contuli. metrum:
fortasse ionici

7 χρυσεατορμωρα...πτεδασω, omnia post χρυσεα del. ‖ 8 πιδάσω Keydell πεδάσω
Manteuffel | ναμασιν leg. Schubart | ὁρμαίνουσ[α Manteuffel ‖ 10 γωον leg. Schu-
bart ‖ 11 δίδασκ᾽ Schubart | οτεφρηπ, νφηπ del. ‖ 12 ναπαις sscr. | νεάγαμ[ον
Manteuffel ‖ 13 καιπερι, και del. | τυμπον ‖ 15 ατισγεγονει, ατισ del. et απταν
sscr. | βαφιη..., ult. iv litt. del. et σ... sscr. ‖ 16 ad init. γεγωρα del. ‖ 16a sscr. ‖
17 βιβλιαδεσιν, δε del. | αἰαὶ Schubart ‖ 18 τὰ Νείλου Schubart τὰ φίλου Croenert
ταφεῖν Manteuffel | τὰ ἔντιμα Schubart ‖ 19 μενειλη, νει del. | σιστρον | καλεῖ σ᾽
Schubart ‖ 20 -τα λήθη⟨ν⟩ ed. pr. -τα Λήθη⟨ς⟩ Manteuffel τἀληθῆ Schubart |
fin. [ἐ]ς εὐῃή[ν Manteuffel ‖ 21 φεργος ‖ 22 σπευσοσιν, σο del. ‖ 23 κλεω ‖ 25 ηωον,
η corr. in γ | ηριδανον, ον sscr. ‖ 9 spatia post 4, 8, 23; etiam lineae post 4, 8 ‖
1 ωρ sscr. | σεμνοῦ ed. pr. ‖ 2 εμ

]. κρατεραῖς ξίφος ὅπλον αἰαῖ
]ις μόγην μ᾽ ἔλιπες.

———

].ς ῥοδίνους πυκαζησ.ε　　　　　　5
]με.[.]ν παιδὶ κυρεῖ κακοῖς
]μονομαχήσειν ἀνέπεισαν
].....νον μηδὲ λάθοι.

———

]σης γὰρ ἔχεις χρυσὸν παῖ
κ]αρ[τ]εροθρουν βριαρ.[..]ε　　　　10
]ομερην πορφυρ[ε]ω[.....]
].λη[.]φερει[.]κα[
].χρ.ο[..]θα

. . . .

ειθετ[　　　　　　　　　　　col. 2
κυνα[　　　　　　　　　　　　　15
μετε[
ηρα.[
δο.[
ελε[
αχ[　　　　　　　　　　　　　　20
ελ.[
κυ.[
ειθ[
[
[　　　　　　　　　　　　　　　25
[
α[
α[
δ[

. . .

———

5 στεφάνο]νς ed. pr. | πυκάζη⟨ι⟩ς σε uel πυκάζησθε ‖ 6 κυρι ‖ 7 μονομαχήσειν
ed. pr. μονομαχεσν, sscr. ει ‖ 10 βριαρό[ν τ]ε Murray

53

10

fr. 1 *A.* πού τὸ δίκαιον;   [
    B. παρὰ τοῖς ἀλλήλους [.]ντίζουσι. [
    Δ. ἄγε, περὶ ταύτης σ[υνῆ]κα τὴν γνώμ[ην
        τῶν κορμίων [   ] τί βουλεύεσθ[ε
5 *Γ.* ε[(.)]ται.[   ]ινα   [
    ΚΟΙ. δικαι[..]   [
    Δ. πάτερ Ἴων, οὐ χρῶμαί σοι οὔτε κριτῆι [
        παρακρήτωι. [*A.*] παρακλήτωι. [
    Γ. διὰ τί;   [
10 *Δ.* ὅτι ὅλος ἐξ ἐκ[εί]νο[υ το]ῦ μέρους εἰ. ο[
        οὐδ' εἰς β[.....]ν ἁ[ρ]πάζομα[ι
    Γ. συγγνώμην μ[......]κομψος .[
        αὐτοῦ γέγονα φ[ίλ]ος ἀναγκαῖος [
        ὡς ἀκρύσας τὴ[ν] μεταλλαγὴ[ν
15   τούτωι συλλυπηθησόμενος. [
    Δ. καταστροφή. λέγ[ε] μοι, πάτερ Ἴων, [
        πατέρα ἡμῶν ἤιδεις;   [
    Γ. τὸ[ν] τούτου ἤιδειν. [
    Δ. αγ.[.].... πατὴρ ην[
20 *Γ.* οὐ μὰ τὴν ἐμὴν σω[τ]ηρίαν [
    Δ. πῶς .ρε.εγ.ο.[
    Γ. .[.]... εχείνη γυνὴ ἀξιω[προσφι-
        λεστάτη.

10 P. Lit. Lond. 97 (Londini, Bibl. Brit. inu. n. 1984). ed. pr. A. Koerte, APF 6, 1913, 1 – 8. postea: Crusius, ed. 5 Herodae, Manteuffel no. 15, Page no. 78. Pack² 2434. Wiemken 111

10 Papyrus saeculo altero p. C. scripta est. ipsam contuli. latere uerso cursiue scribitur: ἐκ βιβλιοθή(κης) Πρασί(ου) / Ἡρακλείδης ἀ[πέγραψεν (suppl. Milne post Wilcken)

10 2 [π]ντίζουσι uel [σκ]ντίζουσι ed. pr. (hoc expl. Srebrny, Eos 30, 1927, 402 – 403) [κο]πίζουσι Manteuffel ‖ 3 suppl. Bell | ad fin. τὴν Cru. περὶ δὲ ed. pr. ‖ 4 [· ἀλλὰ] Cru. [τούτων] ed. pr. ‖ 5 εται ueri simile sed ε[σ]ται legi potest; tum ϱ uel τ ἑταίϱ[αν παρε]ῖνα[ι Cru. ἔ[σ]ται τ[αῦτα δε]ινὰ Knox ‖ 6 δίκαι[ον ed. pr. δικαί[ως Bell ‖ 7 κριτη | [οὔτε Bell ‖ 10 suppl. Bell ‖ 12 μ[οι ἔχε Bell | ἄ]κομψος Bell ὡς] κομψὸς Cru. | σ[ύ. τοῦ πατρὸς ed. pr. τ[οῦ πατρὸς Srebrny ‖ 13 suppl. Hunt | [καὶ νῦν ed. pr. ‖ 14 ad fin. ἥκω ed. pr. ‖ 15 τουτω ‖ 16 καταστροφή esse παρεπιγραφήν censet Hunt coll. 6, 95 | [σὺ γὰρ τὸν Cru. ‖ 17 ηδεισ ‖ 18 ηδειν ‖ 19 ἄγ' ε[ἰ] σῶος ⟨ὁ⟩ ed. pr. ἄγ' ε[ἰ] ἐμὸς Manteuffel ‖ 22 προσφι- ed. pr.

Δ.   ..]οιχ[.]ντ[...]...[
      ὅμοιός εἰμι.   25
Γ.   τυχόν.
Δ.   οὐκ ἀρέσκει μοι ουτ[
      σαπραλμεια.
· · · · · · · · · · · · · · ·   fr. 2
              ]..[
             ]ερω[30
Δ.   [   ]χει[
              α[
Γ.   ναιαλ...[
            π.ο[
Δ.   ναιαλλ.τ[35
Β.   ϛρῦνται[
            ]..ο[
            ].α.[
      ]βετου.ο[

11

      ]. βροντην[
      ]ιποι τις ανουτ[
      ]ειπανειταυτα[
      ]λειν κατάρατε[
      ]μηδενὶ τῶν [5
      ] ἵν᾿ εὑρήσει[
      ] Ε. οὐδαμοῦ π[
      ] Β. τῆς ἐπεμψ[
      ]πειθεις ἀπηλθο[
      ]που πρέσβεων [10
      ] ...νεξα....[

11 P. Varsou. 2 (Varsouiae, Bibl. Vniu.). ed. pr. G. Manteuffel, Charisteria G. Przychocki, 1934, 115–117. postea: id., Papyri Varsouienses, 1935. Pack² 2435. Wiemken 135

11 Papyrus saeculo altero p. C. scripta est. non uidi. mimi fragmentum praeberi censet Manteuffel quod litteris B et E personae indicantur: satis dubium

24 μοιχ[ο]ν ed. pr. μοιχ[ε]ντ[ρία]ν Srebrny ‖ 27 οὔτ[ε μοιχικὰ οὔτε Manteuffel ‖ 28 σάπρ᾿ ἄλμεια Cru. σαπρὰ ἄλμια ed. pr. ‖ 39 λα]βὲ Bell ‖ 11 1]ε uel]σ

12

col. 1

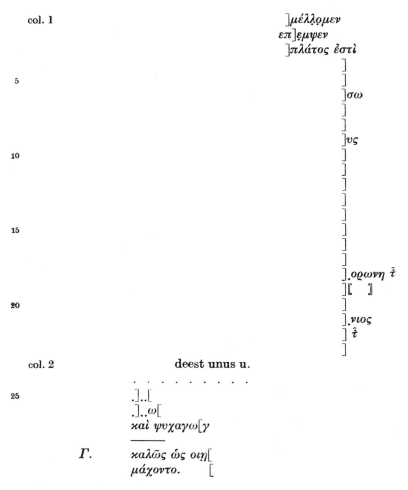

]μέλλομεν
επ]εμψεν
]πλάτος ἐστὶ

]
]
5   ]σω
]
]
]υς
10   ]
]
]
]
15   ]
]
]
].ορωνη ἲ
][   ]
20   ]
].νιος
] ἲ
]

col. 2   deest unus u.

. . . .
25   .]..[
.]..ω[
καὶ ψυχαγω[γ

Γ.   καλῶς ὡς οιη[
μάχοντο.   [

12 P. Berol. 13876 (Berolini, Mus. Nat.). ed. pr. Manteuffel no. 16. Pack² 2436.
Wiemken 127

12 Papyrus saeculo altero p. C. scripta est. imaginem phototypicam contuli. signum musicum: ἲ

12 3 πλατος Cun.   ειλατος ed. pr. ‖ 28 ὡς οἱ μ[ὲν περὶ νηὸς ἐνσσέλμοιο ex Π 1 ed. pr., sed η ueri similius

ς.Z.H. οὐά· οὐά· ρ[30
Γ.   οὗτοι δὲ .α.[

    οὐ θέλετ᾽ ἐξελ[
      διώκει. τ.[
Γ.   οὐδὲν ἀργοτερ[
Ᾱ.   καθ[..]ον λοιπὸν [35
Γ.   ἀλλὰ τὰ μὲν πρ[
    ἀχνύμενοι π.[
     καὶ ισισιο. Ᾱ. κ[
Γ.   τί τοῦτο ἐποιησα[
    οὐκ ἀρτίως σου α[40
Ᾱ.   οὐ ἄνθρωπε ...[
    ἐξέπεσεν και.[
    φίλησα οντ.[
Γ.   τοῦτ᾽ ἐστι μ[
    ἀνάγειν α[45

13

    ].ρατε σώματα, μαινόμεναι,
καὶ μὴ καθυβρίζετε τρόπον ἐμόν.
τί περὶ σφυρά μου δέματ᾽ [ἐ]βάλετε;
ἐμέ, σύγγονε βάρβαρε, παρακαλεῖς;
ἱκέτις, τροφέ, ναί, πέπτωκας ἐμοῦ;   5

13 P. Lit. Lond. 52 (Londini, Bibl. Brit. inu. n. 2208). ed. pr. H. J. M. Milne, Catalogue of Literary Papyri, 1927. postea: Manteuffel no. 21, Page no. 79, Heitsch no. 9. Pack² 1747

13 Papyrus litteris cursiuis saeculo tertio p. C. scripta est. ipsam contuli. longis lineis scripta est: uersus usque ad 17 siglo / diuiduntur; 1 – 7 anap. (partim ἀπόκροτα), 8 – 12 incertum an ionici (Croenert) an iambi (Knox), 13 – 17 hexam. μείουροι, 18 – anap., tum incert.

30 ο[ὐά ed. pr. ‖ **31** πάν[τες ed. pr. ‖ **32** ονθελετ᾽ pap. (οὐδ᾽ ἔλεγ᾽ falso ed. pr.) ‖ **35** καθ᾽ ὅλ[ον ed. pr. ‖ **36–37** πρ[οτετύχθαι ἐάσομεν / ἀχνύμενοί π[ερ ex Σ 112 = T 65 ed. pr. ‖ **38** Ἶσις Ἶο ed. pr. cl. Hdt. 2, 41 ‖ **43** οὕτω ed. pr. ‖ **13** 1 ἐπαε]ίρατε Knox μὴ δε]ίρατε Manteuffel ‖ **3** δέματ᾽ Manteuffel δέμας ed. pr. ‖ 4 συνγονε

6*   57

φιλάδελφε, πρόνοια λόγων ἀνέχηι.
πειραζομένη βασανίζομαι.

οὕτω τι.[.....].ꓸy........μενη ναί,
καὶ πρόσωπα τύπτει κ[αὶ] πλοκάμους σπαράσσει.

10 νῦν ἔμαθον ἀληθῶς ὅτ[ι πλ]εῖον οὐ ποθεῖς
μετελθοῦσά τι λέξαι.
ἔδει σ᾽ ἐμὲ λιτ[αν]εῦσαι
καὶ οὗ παρῆν ἐμοὶ ποεῖν πάντα κελεῦσαι.

θρῆνον ὑπερθεμέ̣ρη λέγε, παρθένε, μή τινα ποθεῖς;
εἰπέ, κόρη, φανερῶς ἀλγηδόνα μηδ᾽ ἐ[μὲ] φοβοῦ.
15 εἰ θεός ἐστιν ὁ σὰς κατέχων φρένα[ς οὐ]δὲν ἀδικεῖς.
κοὐκ ἔχομεν γενέτην ἀγριώτατον· ἤμερα φρονεῖ.
καὶ καλός ἐστιν ἔφηβος ὁ σὸς τάχα, καὶ σὺ δὲ καλή.

ἐπικωμάζει καὶ μεθύει.
κοινῆς δὲ φέρων πόθον Ἀφροδίτης
20 αὐτός τ᾽ ἐφηβῶν ἄγρυπνον
ὑπὸ κάλαμον ἄνομα λέγει.
καὶ τοῦτον ἐῶ. βραχύτατον ἦν
ζήλωμα, πάτερ, γινώσκω.
ἕτερον ᾽........ ...ρον
25 παρὰ παννυχίσιν ....
το κατελθὼ̣ν ἐπι[

14

r   ..]δη.[
       ..]δεν ξ[

14 P. S. I. 149 (Florentiae, Bibl. Medic. Laurent.). ed. pr. G. Vitelli, Papiri della Società Italiana, 2, 1913. postea: Heitsch no. 33. Pack[2] 1731, 1833

14 Papyrus saeculo quarto scripta est. imaginem phototypicam contuli. latus rectum (iamb.) et uersum (dact.) scripsit eadem manus. mimi fragmentum esse coni. Cru.: alii tragoediam (r) et epos (u) censent

10 οὐ ποθεῖς Wuest | μετελθοῦσα Croenert ‖ 13 μή Croenert ‖ 16 ἔχομεν Croenert | φρονεῖ Wuest ‖ 20 ἀγρυπνῶν Manteuffel ‖ 23 ζήλωμα Manteuffel ‖ 24 ad fin. ἕτερον uel πρότερον

τωιμ[
τοναι[
ἑκατε[5

———

π....[
αμ...[..].ν[.]..[....]η[
τὸν [ε]ὐσεβῇ τογδ[..]..[
ὃς ο[ὐ]δὲν ἄλλο πλὴν .[
καὶ τῶν ἀδελφῶν ὑ.[10
αὔταρκες εἰς ε...[
σώζει δὲ τοῦτο πρ.[
ἡ συμφυὴς ὁμόγοι[α
τῆς εἰς ἅπαν[τας

———

τὰ μὲν καθη[15
μακρηγορεῖ[
ἔαρ χελιδὼν [

                   ].χι.[v
                   ]ων.[
                   ].ιχ.[20
                   ].ε..[
                   ].ατ.[
                   ]...[
]..[...]..[.]ων[..]σ[....]εισ[
]το.εστι...[25
]τα κεκοινωνηκ[..].[
] χάριτες τῆς πατρίδος [
]υτρι πέφραστα[ι] ν.ε....[
].βη.ας ἐστι καλη.η.[
]νε σαόπτολίς ἐστιν α...[30
].ων βλάστησεν ἑορτ[
] εἰ θέμις ἄρτι χορευ[
]ου τεὸν αὐχένα ...[
]μρ[.] ἐξεναρ[

14 15 καθή[κοντα Koerte ‖ **16** [ν δ᾽ οὐ βούλομαι Heitsch ‖ **17** e. g. [οὐχὶ ποιήσει μία ed. pr. ‖ **32** χορεύ[ειν Koerte ‖ **33** ad init. ειϛ praebet Heitsch

15

col. 1

. . . .

ᾱ]   σοι με πόλιν διζε[

β̄   σχημάτι⟨ο⟩ν τολ[...]ιμ[..]ατος

γ̄   οὗ χρ⟨ε⟩ία ῥημάτων

δ̄   τὸ τῶν μαλακῶν

5   ε̄   τὸ τοῦ ἡλίου

ζ̄   τιβιάζεσθ(αι) μετὰ τῆς παρθ(ένου) [....].ι

ζ̄   τὰ τῶν Γόθθων

.]..ε ---

τὸ ὑπομνηστικὸν χορηγίας

10   Λευκίππης

ἒ]ργαστήρ(ιον) κουρέως

κουρικά

⟨ε⟩ἴσοπτρον

φασκίας

15   κιβάρια ε̄ τῇ⟨ι⟩ γραΐδ(ι)

ζωνοβαλλάντι⟨ο⟩ν

γλω⟨σ⟩σόκομον χάρτ(ου)

τὰ τοῦ χαλκέως

σφῦραν σπάθην

20   τὸ ⟨ε⟩ἰκόνι⟨ο⟩ν α

σινδόνι⟨ο⟩ν προμ.( )

η...[

col. 2   ]προλ...[

ὑπομ]νη⟨σ⟩τικὸν χορηγιῶν παραγρα( )

---

15 P. Berol. 13927 (Berolini, Mus. Nat.). ed. pr. G. Manteuffel, Eos 32 (1929) 27–33. postea: Manteuffel no. 17. Pack² 2437. Wiemken 191

15 Papyrus saeculo quinto scripta est. imaginem phototypicam contuli (etiam exemplo suo ut uterer benigne mihi concessit H. Maehler). habemus titulos septem mimorum, tum res quae erant necessariae ad alium et illos septem in scaena producendos. orthographiam correxi

15 1 διζε[Maehler (σύ με πάλιν δίζε[αι; sed cf. 26)   διξε[Schubart (δεῖξαι Wil.) λιιζε[Manteuffel (ληῖζε[ιν) ‖ **2** debet idem esse ac 28, sed uix conciliandi ‖ **3** cantici titulum esse ci. Wiemken ‖ **6** τιβιάζεσθαι (= tibia canere) Maehler   τί βιάζεσθαι uulg. | παρθ(ένου) Schubart   ϱαρχ(ός) Manteuffel ‖ **11** κουρεοσ ‖ **13** ἴσοπτρον ‖ **15** γραηδ( ) ‖ **18** χαλκεοσ ‖ **21** σενδονιν | προμ( ) Maehler   χιτ Manteuffel (χιτ[ών(ιον)) ‖ **24** suppl. Manteuffel | παραγρα(πτόν) Manteuffel

]ϑη οὕτως ---   25
    ]ον τῆς πόλεως
    ].χεδιν

β̄   ⟨ε⟩ὶς .... δαιμε καὶ ταῖς τεταισ[
     φαλητάρια β
     [σ]φύρας β   30
     ἄρμενον. πλοῖον
     λύχνον. κοσούλλια [
     κώπας. κουρικόν
     φάγι⟨ο⟩ν. χόρτον

γ̄   ⟨ε⟩ὶς τὸ οὗ χρ⟨ε⟩ία ῥημάτων   35
     κιθάρα. δελφάκι⟨ο⟩ν
     κυνάρι⟨ο⟩ν. ζωμάρυστρα

δ̄   ⟨ε⟩ὶς τὸ τῶν μαλακῶν
     περιζώματα φασκίας

ε̄   ⟨ε⟩ὶς τὸ τοῦ ἡλίου   40
     ἀκτῖνας

ϛ̄   ⟨ε⟩ὶς τὸ τιβιάζεσθαι
     οὐδέ[ν]

ζ̄   ⟨ε⟩ὶς τὸ τῶν Γόθθων
     χλωρὰ ⟨ε⟩ὶς τὸν ποταμό(ν)   45
     τριβυνάρι⟨ο⟩ν τῶ⟨ι⟩ ποταμῶ⟨ι⟩
     σχήματα Γόθθων
     καὶ Γοθθισσῶν

25 ἐτάχ]ϑη Manteuffel ‖ 29 φαλιταρια ‖ 32 λοιχνον ‖ 37 κοιναρην, οι del. et υ sscr. ‖ ζωμαρηστρα ‖ 42 uide ad 6 ‖ 46 τρηβυναρην   τριβωνάριον Manteuffel

INDICES VERBORVM

* = supplementum in textu; ** = supplementum in apparatu; † = coniectura in textu; †† = coniectura in apparatu.
lemmata sunt eadem quae praebent Liddell-Scott-Jones, A Greek English Lexicon, ed. 9.

1. INDEX VERBORVM HERODEORVM

a) Index nominum

Ἄβδηρα 2, 58
Ἀγρεύς 3, 34
Ἀγριάνια 5, ††80
Ἀιδης 1, 32; 3, 17
Ἀδράστεια 6, 35
Ἀθήνη (-αίη) 4, 57; 6, 65; 7, 81. 116
Αἴγυπτος 1, 23. 27
Αἰολεύς 7, ††96
Αἴολος 8, *37
Ἀκέσης 3, 61
Ἄκη 2, 16
Ἀμφυταίη 5, 3. †4. 29
Ἀννᾶς (Ἀννᾱ) 8, 14. *43. **66
Ἀντίδωρος 5, 61
Ἀπελλῆς 4, 73
Ἀπόλλων 3, 34; 4, 3
Ἀριστοφῶν 2, *11. *12
Ἀρτακηνή 7, 87. 92
Ἀρτεμείς 6, 87. 89. 95
Ἀρτίμμης 2, 38
Ἀσκληπιός 2, 97; 4 tit.
Αὐρεύς 3, 34 u. l.

Βατάλη 4, 35. 37
Βαττάριον 2, 82
Βάτταρος 2, 5. 49. 75. ††82. 93
Βατυλλίς 5, 70. 82
Βιτᾶς 6, 25. 81
Βίτιννα 5, 6. 17. 19. 26. 35. 38
Βρέγκος 2, 73
Βρικίνδαρα 2, 57

Γάστρων 5, 1. 15
Γερήνια 5, 80
Γλύκη 9, 2
Γρύλλος 1, 50; 10, 2 (bis)

Γυλλίς 1, 5. 7 (bis). 9. 11. 18. 67. 78. 82. 84. 87. 90
Γύλλος 1, 50 u. l.

Δᾶος 5, 68
Δεωκούρη 1, ††32
Δημήτηρ 1, 69. 86
Διόνυσος (Διων-) 8, †40. *68
Δρήχων 5, 42
Δριμύλος 7, 5

Ἑκατῆ 7, 86. 91
Ἐπίδαυρος 4, 2
Ἑρμῆς 7, 74
Ἑρμόδωρος 6, 53
Ἕρμων 5, 32. 48
Ἐρυθραί 6, 58
Ἔρως 7, 94
Εὐβούλη 6, 25. †81
Εὐέτειρα 9, 2
Εὐετηρίς 7, †100
Εὐθίης 3, 59; 4, 24. 26

Ζεύς 2, 81; 7, 46

Ἠπιώ 4, 6
Ἡρακλῆς 2, 96
Ἤριννα 6, 20

Θαλῆς 2, 3. 27. 38. 50. 55. 62. 78. 89
Θαλλώ 6, **90
Θεσσαλός 2, 96
Θρᾶισσα (Θρέισσα) 1, *1. 79

Ἰασώ 4, 6
Ἱππῶναξ 8, 78

Κανδᾶς 6, 87; 7, 29
Κάο 7, **44
Κερδέων 7, 74
Κέρδων 6, 48 (bis). 49. 62. 66. 96; 7, 1.
**16. 34. 53. 83. 93. 120
Κέρκωψ 7, **9
Κήρ 1, **38
Κλειώ 3, 92
Κοκκάλη 4, 19. †88
Κόκκαλος 3, 60. 87
Κόρη 1, 32
Κόρινθος 1, 52
Κοριττώ 6, 12, 18. 24. 37. 46. 86. *97
Κορωνίς 4, 3
Κόσις 5, 65
Κοττάλη 4, ††19. 88 P
Κότταλος 3, 48. 62. 74
Κόττις 3, 72
Κουτίς 3, 72 u. l.
Κύδιλλα 4, 41. 48; 5, 9. 41. 60. 73
Κυθέρεια (Κυθηρίη) 1, 55.
Κυλαιθίς 6, 50. 55
Κυννώ 4, 20. 30. 35. 52. 56. 60. 71
Κῶς 2, 95; 4, 2

Λαμπρίσκος 3, 2. 7. 56. 71. 77. 81. 83.
88. 94
Λαμπρίων 4, 64
Λαομέδων (Λεωμ-) 4, 7
Λητώ 2, 98

Μάνδρις 1, 23. 68. 77
Μάρων 3, 24. 25
Ματακίνη 1, 50 u. l.
Ματαλίνη 1, 50
Μαχάων 4, 9
Μεγαλλίς 8, 10
Μεννῆς 2, 10. *12
Μένων 5, 3
Μέροψ 2, 95
Μηδόκης 6, ††34
Μητρίς 1, ††61
Μητρίχη 1, 6. 61. 76. *86
Μητροτίμη 3, 48. †58
Μητρώ 6, 1. 20. 23. 29. 45. 57. 67. 74.
94; 7, 3. 14. *17. 20. 50. 107. 127
Μικίων 7, †43
Μικκάλη 5, 52
Μίνως 2, 90
Μίση 1, 56
Μοῖραι 1, 11. 66; 4, 30
Μολπῖνος 10 †tit.
Μοῦσα 3, 1. 71. 83; 8, 72. 76
Μουσεῖον 1, 31
Μύελλος 4, 63

Μύλλος 4, ††63
Μυρτάλη 1, 89; 2, 65. 79
Μυρταλίνη 6, 50
Μυττῆς 4, 36

Νάννακος 3, 10
Νοσσίς 6, 20. 22. 33

Ξουθίδης 8, 79

Ὀδυσσεύς 8, *37

Παιάν 4, 1. 11. 26. 81. 82. 85
Πανάκεια (-κη) 4, 6
Πάρις 1, 34
Παταίκιον 1, 50
Παταικίσκος 4, 63
Πάφος 7, **25
Πῖσα 1, 53
Πίστος 7, 6. *14. 54
Ποδαλείριος 4, 9
Πόθος 7, 94
Πραξῖνος (Πρηξ-) 6, 60. 62
Πραξιτέλης (Πρηξ-) 4, 23
Πράξων (Πρήξ-) 4, 25
Πυθέας 1, 76
Πυθώ 1, 51
Πυλαιθίς 6, 55 u. l.
Πυρρίας 5, 9. 23. 47. 55. 59

Σάμος 2, 73
Σίμη 1, *89
Σίμων 3, 26
Σισυμβρᾶς 2, 76
Σισυμβρίσκος 2, 76

Ταυρεών 7, 86
Τρίκκα 2, 97; 4, 1
Τύρος 2, 18

Ὑγίεια 4, 5. 20

Φασηλίς 2, 59
Φιλαίνιον 1, 5 u. l.
Φιλαινίς 1, 5
Φίλη 4, 27. 39. 72
Φίλιππος 2, *73 u. l.
Φίλιστος 2, *73
Φίλλος 3, 60
Φοίβη 2, 98
Φρύξ 2, 37. 100; 3, 36; 5, 14

Χαρώνδας (Χαιρ-) 2, 48
Χίος 6, 58

Ψύλλα 8, 1

63

b) Index uerborum

ᾰ̆ 4, 20. 30; 7, 111. 117
ἀβρός 6, 45
ἀγαθός 1, 31; 3, 57; 7, 93
ἄγαλμα 4, 21
ἀγαπάω 6, 94
ἀγγέλλω 1, 6
ἀγινέω 3, 55; 4, 87
ἀγκάλη 5, 71
ἄγκυρα 1, 41
ἀγκών 5, 25
ἀγορά 5, 46; 7, 49
ἄγριος 1, 44; 4, 8
ἀγροικία 1, 2
ἄγχω 1, 18; 2, 12. **78
ἄγω 2, 17. 24; 4, 66; 5, 32. 40. 53. 85; 7, 1
ἀδελφός 1, 30; 2, 68
ἄεθλον uid. ἄθλον
ἀεί (αἰεί) 6, 89
ἀείδω 1, 71; 7, **46; 8, 79
ἀείρω 3, 61; 5, 71; 7, 64; 9, 13
ἄθικτος 1, 55
ἄθλον 1, 51; (ἄεθλον) 8, 73; 9, *12
ἀθρέω 6, 33
αἰδέομαι 6, 28
αἰκία (-είη) 2, 41
αἰκίζω 2, 46
αἷμα 2, 72; 4, ††61; 5, 7
αἰνέω 3, 62; 4, 47
αἴξ 8, 25. 67
αἰπόλος 8, 20. *69
αἶρα 6, 100
αἱρέω 4, ††74; 5, 28; (med.) 3, 54
αἰσθάνομαι 6, 26; 7, 62
ἀίσσω 7, 88
αἰσχύνω 2, 66
αἰτέω 2, 88; 3, 10
αἴτιος 5, 14; 6, 40
ἄκαιρος 6, 80
ἄκανθα 7, 8
ἀκονάω 7, 119
ἀκούω 1, 48; 5, 49; 6, 24; 8, 15
ἄκρατος 1, *80
ἀκροσφύρια 7, 60
ἀλαλάζω 8, 46
ἀλεκτορίς 6, *100
ἀλέκτωρ (A) 4, 12. 16
ἀλεωρή 2, 25
ἄλη 3, ††42
ἀλήθεια 7, 32
ἀληθής 2, *13; 5, 36; 7, 70
ἀληθινός 3, 49; 4, 72; 7, 109P
ἀλήθω 2, **20; 6, 81

ἀλινδέω 5, 30
ἀλίσκομαι 6, ††94
ἀλκή 2, 77
ἀλλά 1, 20. 21. 25. 47. 59. 61. 78. 83; 2, 9. 37. 77. 93; 3, 38. 44. 56. 74. †88a. 89; 4, 54. 75; 5, 3. 10. 16. 27. 53. 57. 69. 77. 80; 6, 5. 15. †41. 47. 51. 54. 58. 65. 71. 79. 80; 7, 24. 65. 89. 95. 101; ἀλλὰ . . . γάρ 7, 49; ἀλλὰ μήν 8, 11; ἀλλ᾽ οὖν 6, 91; οὐ γὰρ ἀλλά 6, 101; 7, **36
ἄλλῃ 1, 39
ἄλλος 1, 41. 69; 2, 52; 6, 73; 7, **27; 8, 23; (c. numero) 3, 91; (c. articulo) 4, 92; 6, 33P; (adu.) 6, 17; 7, 47
ἀλοάω 2, 34; (ἀλοι-) 2, 51
ἀλυκός 2, **6
ἄλφα 3, 22
ἀλφιτηρός ↆ 73
ἄλφιτον 6, 5
ἀλώπηξ 7, 72
ἅμα 6, 68; 8, ††70
ἁμαρτάνω 5, 27
ἁμαρτέω 4, ††95
ἁμαρτία 1, 62; 4, 95 (dub.); 5, 26. 38. 73
ἀμάρτυρος 2, 85
ἀμβλύς 3, 52
Ἀμβρακίδια 7, 57
ἀμείνων 2, 101; (adu.) 3, 53. 92; 7, 76
ἀμέλει 5, 85P
ἀμελιτίτις 5, †85
ἀμιθρέω 6, 6
ἄμιλλα 6, **68
ἄμμα 12, 2
ἀμμία 1, 7
ἀμός (A) 8, ††70
ἀμφί (c. dat.) 8, *31. 32; (adu.) 8, 24 (?)
ἀμφιέννυμι 8, **28
ἀμφίκαρτα 8, 24 (?)
ἀμφίσφαιρα 7, 59
ἄμφω 8, *64
ἄν (A) (in apodosi c. indic.) 1, 70. 71; 2, 72. 91; 4, 15. 70; 6, 11; 7, 120 – 121; (c. fut.) 6, 36; (c. opt.) 2, **6. **78; 3, 11; 6, 3. 36 (u. l.). 51. 60 – 61; 7, 82. ††108; (c. infin.) 4, **69; 6, 93; (in sent. rel. c. coni.) 1, 31; 3, 80; 5, †43; 6, 25; (in sent. temp.) 1, 90; 5, 52; (in sent. fin.) 2, 60; 7, 62. repetitum 6, 60 – 61; 7, 120 – 121

ἀναγής 2, 70
ἀναγιγνώσκω 3, 92
ἀνάγκη 5, 59
ἄναγνος 8, ††7
ἀναλαλάζω 4, 70
ἀναμείγνυμι 8, **44
ἄναξ 4, 1. 18
ἀναπέτομαι 7, 109
ἀναρίτης 11, 1
ἀνάσιλλος 4, 67
ἀνάσιμος 4, 67 u. l.
ἀνατίθημι 4 tit.
ἄναυδος 8, ††7
ἄναυλος (B) 8, 7
ἀνδάνω 7, 50
ἀνδριάς 4, 36
ἀνεῖπον 2, 42. †43
ἄνευ 13, 2
ἀνευρίσκω 6, *73
ἀνήνυτος (-ως) 9, **5
ἀνήρ 1, 53; 3, 32; 6, 69; 7, **111; (maritus) 4, 88; 5, 71; (ὦ) ἄνδρες (δικασταί) 2, 1. 14. 26. 38. 49. 61. 68. 84. 92
ἀνθέω 1, 52; 7, 28
ἄνθρωπος 1, 9. 46; 4, 33. 67. 74; 5, 15. 27. 78; 8, 46
ἀνία 8, 44
ἀνίημι 4, 56
ἀνίστημι (trans.) 1, 43; (intrans.) 6, 2; 8, 1. *6. 14
ἀνοιστρέω 1, 57
ἄνοος 3, 27
ἀντεῖπον 7, 107
ἀντί 6, 32
ἀντλέω 4, 14
ἄντυξ 8, 29
ἄνω (B) 4, 27; 7, **15. 80
ἄνωγα 3, 31; 7, 101
ἄνωθεν 2, 69; 7, *17
ἀνώνυμος 5, 45; 6, 14
ἄξιος 2, 3; 7, 2. 68. 79. 98
ἀξιόω 6, 79
ἀπαγγέλλω 1, 49. 75
ἀπαμβλύνω 1, 67; 10, 4
ἀπαντάω 5, 75
ἀπαρκέω 3, 6. 63
ἀπαρκέομαι 2, 74; 4, 74
ἅπας 2, 39. 94. uid. etiam πᾶς
ἄπειμι (A) 7, **111
ἀπεμπολάω 7, †65
ἀπέρχομαι 7, 55
ἀπληγίς 5, 18
ἄπνοος 8, 74
ἀπό 6, 4
ἀποθνήισκω 1, 60

ἀποικέω 1, 13
ἀποικία 1, 2 u. l.
ἀποκτείνω 5, 35
ἀπονηστίζομαι 9 tit.
ἀποστάζω 6, 6; 7, 82
ἀπότακτος 3, 69
ἀποψάω 4, 17
ἅπτω 8, 6
ἀρά 8, *75 u. l.
ἀραρίσκω 7, *20. 118
ἀράσσω 1, 1
Ἀργεῖος 7, 60
ἀργία 7, **45
ἀργός 4, **47
ἀργύρεος 4, 62. 65
ἀρέσκω 4, 81
ἀρκέω 5, 2
ἁρμόζω 7, 115
ἀρνευτήρ 8, 42
ἁρπάζω 6, †30
ἄρτι 5, 37
ἄρτος 2, 4
ἀρχαῖος 5, 51
ἄρχων 2, 40
ἀρωγός 3, 29
ἀσκέρα 2, 23
ἆσσον 1, 4 (bis); 4, 84
ἄστατος 1, 46
ἀστήρ 1, 33
ἀστός 2, **7
ἀστράβδα 3, 64
ἀστραγάλη 3, 7
ἀστροδίφης 3, 54
ἄστυ 2, **7
ἀσυρής 4, **51
ἀσφαλής 1, 42; 7, **47
ἀσφαλίζω 1, *88
ἄτρυτος 8, 4
Ἀττικός 2, 22
αὖ 4, **51
αὐγή 10, 4
αὖθις (αὖτις) 1, 73; 4, 87; 5, 27. 63
αὐόνη (A) 8, 2
αὔριον 2, 58
αὔσυρον 4, **51
αὐτίκα 5, 78
αὐτονομία 2, 27
αὐτός (ipse) 2, 83; 3, 92; 4, 37; 5, 37. 51; 6, 3. 4. 29. 59. 66. 70; 7, 66 u. l. 67. 82. 116; (is) 1, 35; 2, 28P. 69. 71; 3, 4. 17. 23. 25. 28. 58. 87; 4, 24. 28. 66; 5, 9. 32. 34. 40. 52. †55. 57. 64. 69; 6, 9. 26. 28. 43. 56. 57. 76. 87. 101; 7, 2. 7. 12. 67. 85; (idem) 3, 23; 6, 12

ἀφαιρέω (in tmesi) 7, 114
ἀφέρπω 6, **98
ἀφίημι 5, 26. 38. 72. 74. 81; 6, 74
Ἀχαϊκός 5, 61
ἄχρι (-ις) 1, 14; 3, 3. 88; 7, 41
ἀωρία 3, 29

βαδίζω 5, 32; 7, 32P
βάζω 2, 102; 7, †32
βαίνω 1, 49; 4, *36
βαιός 8, 12
βαίτη 7, 128
βαλλίον 6, 69
βάλλω 4, ††52
βάσανος 2, 88
βασιλεύς 1, 30
βάσις 4, 24
βατηρία 8, 60
βαυβών 6, 19
Βαυκίδες 7, 58
βέβηλος 4, 47
βέλτιστος 2, 43
βελτίων (adu.) 2, 91
βῆσσα 8, 18
βήσσω 3, 70
βία 2, 24. 37; 5, 58; 8, 42. 69
βιάζω 2, 71
βιβλίον (βυβλ-) 3, 90
βινέω 2, ††20
βίος 3, 39. 56; 7, 34; 10, 3
βλάπτω 2, 54
βλαύτη 7, †58
βλαυτίον 7, 58P
βλαυττίον 7, ††58
βλέπω 2, 33; 3, 17. 97; 4, 28. 37. 68;
    7, 80
βλήχων (γλ-) 9, 13
βοάω 3, †23; 4, 41. 45
βόλος 7, 75
βόσκω 3, 27; 7, *44; 8, 15
βούλομαι 2, *9; 5, 6
βοῦς 3, 68; 4, 15. 66. 70; 7, 118
βράζω 2, 102 u. l.
βρέγμα 4, 51; 8, 9
βροντάω 7, 65
βρώζω 7, 63
βυβλίον uid. βιβλίον
βύρσα 3, 80
βυρσοδέψης 6, 88; 7, **37
βύω 2, 42
βωμός 4, 5

γαλέη 7, 90
γάμος 7, 86

γάρ 1, 10. 15. 23. 26. 46. 68. 77; 2, 6.
    19. 55. 84; 3, 47. 59; 4, 14. 55. 60.
    72; 6, 49. 64. 67. 70. 81P. 82. 94; 7,
    69. 85. 110; 8, 15. 19; 10, 4; (in
    responsionibus) 1, 18; 4, 35. 86; 5,
    39; 6, 80; ἀλλὰ ... γάρ 7, 49; ἤ γάρ
    4, 94; καὶ γάρ 3, 6; οὐ γὰρ ἀλλά 6, 101;
    7, **36; γὰρ οὖν 7, 128; tertio loco 2,
    55; 4, 35. 55. 72; 6, 49; quarto 5, 39;
    7, 69
γαστήρ 5, 34
γε 1, 86; 2, **6; 3, 67. 91; 6, 91; 7,
    **104; 8, 72(?); γε μήν 3, 11
γείτων 6, 50
γελάω 2, 74; 6, 44
γέλως 8, 44
γενεά 2, 1. 32; 4, 84
γένειον 3, 72
γένος 7, 56
γέρων 3, 94; 4, 30; 8, 62. 75; 12, 3;
    (adi.) 3, 32
γεύω 6, 11
γῆ 1, 54; 2, 23; 8, 62
γῆρας 1, 15. 63; 2, 71
γηράσκω 6, 54
γίγνομαι 1, 27. 85; 4, 75; 5, 22. 55. 67;
    7, 35; 10, 2
γιγνώσκω 2, **15; 3, 22; 5, 21; 6,
    61
γλαυκός 6, 49
γλήχων uid. βλήχων
γλυκύς 4, 2; 6, 23. 77
γλύφω 4, 58
γλῶσσα (γλάσσ-) 3, 84. †93; 5, 8. 37;
    6, 16. 41; 7, 77. 110
γναφεύς uid. κναφεύς
γνώμη 2, 86. 100; 8, **77
γνῶσις 8, **77
γόνυ (γουν-) 5, 19; 7, 10
γοῦν 4, 32
γραῖα (γρήι-) 1, 74
γράμμα 1, 24; 3, 28. 35; 4, 24. 73
γραμματεύς 2, 41
γραμματίζω 3, 24
γραμματιστής 3, 9
γραῦς (γρηϋ-) 3, 39
γράφω 2, 48; 3, 18
γρύζω 1, **36; 3, 37. 85; 6, 34
γρυπ[8, 50
γρυπός 4, 67
γυμνός 4, 59; 5, 46
γυνή 1, 32. 67 u. l. 70. 75; 3, 39; 4,
    69. 79; 5, 5. 13; 6, 1. 27 (bis). 34
    u. l. 39. 73; 7, **1. 4. *21. **32. 45.
    55. 63. 70. 79. 124; (uxor) 7, 103

δαίνυμι 4, 93; 8, 70
δαίς 2, 35
δαιτρέομαι 8, *69
Δαρεικός 7, 106; (-ρικ-) 7, 102. 122
δαψιλής 7, 84
δέ 1, 5. 13. 15. 26. 34. 44. 71. 73. 74.
76. 88. *88. 89; 2, **8. 11. 12. **18.
21. 22. 31. 38. 46. 50. 51. 52. 55. 57.
60. 84. 85. 87; 3, 7. 19. 22. 28. 50.
†53. 64. 73. 78. 88 u. l.; 4, 24. 30. 44.
47. 53. 58. 62. 66. 76. 92; 5, 37. 53;
6, 3. 17. 19. 40. 42. 63. 71. 74. 75. 85.
93; 7, 8. **15. **18. 25. 27(?). 39. 47.
50. 56. 89. **104. ††105. 110. 127; 8,
2. 4. 5. 17. 24. 30. 43. 63. 64. **69;
13, 2; μὲν . . . δέ 2, 3 − 4. 79 − 80; 3,
18; 4, 74; 5, 33 − 34. 80 − 84; 6,
28 − 30. 34 − 35. 49 − 52; 7, 23 − 24.
96 − 97; 8, 41 − 43; μὲν . . . δὲ . . . δέ
1, 51 − 53; 2, 57 − 58; δὲ δή 3, 30. 36;
6, 18; δὲ καί 3, 84; 5, 8; tertio loco
1, 76; 3, 19; 6, 63
δεῖ 2, **6; 3, †87. 90; 5, 20. 66; 6, 2.
31. 79. 80. 92; 7, †126. 129; 8, **64;
(med.) 6, 41
δείκνυμι 1, 82; 2, 66. 95; 3, 13. 62; 4,
39; 7, 2
δείλαιος 3, ††51; 7, 39; 9, 8
δειλός 8, *10. 13
δειμαίνω 1, 3
δεῖνα 1, **44
δεινός 1, **44; 2, 79; 8, 58
δέκα 1, 24
δέλτος (Β) 3, 14
δέννος 7, 104
δεξιός 4, 4. 19
δέρω 3, 3. 88
δέσποινα 4, 58
δεῦρο 2, 65
δεῦτε 4, 11
δεύτερος 5, 47; 8, 77
δεύω (Α) 4, 92
δέχομαι 4, 13
δέω (Α) 5, 10. 18. 24. 25. 31. 64; 7, 9;
8, **64
δέω (Β) (med.) 1, 79; 4, 38; 5, 19;
7, 49
δή 1, 48; 2, 45; 4, 59; 6, 37; 7, 9; δὲ
δή 3, 30. 36; 8, 18; καὶ . . . δή 3, 81
Δήλιος 3, 51
δῆμος 2, 18
δημότης 2, 30
δήποτε (δήκοτε) 7, 81
δήπου (δήκου) 3, 90; 5, 24
δήπουθεν (δήκουθεν) 2, 2

διά (c. gen.) 5, 46; 8, *16
διάβαθρον 7, 61
διαβάλλω 6, 22
διαιτάω 2, 86. 91
διαφέρω 7, 90
διδάσκαλος 3 tit.
διδάσκω 3, 28
δίδωμι 1, 62. 65. 81; 2, **20. 59. 80;
3, 1. 70. 79; 4, 89; 5, 44; 6, 26. 29.
78. 79; 7, 25. 29. 93. 97. 105. 117.
122; 8, **66
δίζω 8, 12
δικάζω 2, 67. 91
δίκαιος 2, 86; (-ως) 5, 76
δικαστής 2, 1. 49. 61
δίκη 2, **5. 47. 99; 4, 77; 6, 34
δίκτυον 3, 20
διοικέω 2, 56
διπλόος 2, 48. 54; 7, **14
δίς 1, 52. 53; 8, 45
διφάω 6, 73
δίφρος 1, 37. 77; 6, 1
δοιοί 1, 64
δοκέω 1, 10. 65; 2, 92; 3, 29. 42; 4,
65. 69; 5, 17. 56; 6, 34. 67; 7, 42;
8, 45. 73; 13, 3
δόξα 1, 28; 2, 2. 96
δορά (Α) 8, *47
δορεύς 8, 64
δορκαλίς 3, 19
δορκάς 3, 63
δουλίς 7, *126
δοῦλος (Α) 5, 6. 20; (-η) 1, 8; 2, 46;
4, 53 (bis); 5, 44. 54; 6, 4. 81P;
8, 1; (adi.) 2, 87
δραίνω 1, 15; 2, 95
δράκων 4, 91
δραπέτης (δρη-) 3, 13
δράω 5, 28
δριμύς 3, 68. 73
δρύπτω 8, 2
δρῦς 8, 23
δύναμαι 7, *108
δύναμις 1, 28
δύο (indecl.) 1, 40; 5, 60; 6, 49. 67.
91
δυσμένεια 2, **8
δύω 2, 13; 3, 88
δωι 4, 94 u. l.
δῶμα 1, 59
δωρεά 2, 19
δωρέω 6, 30
δώρημα 6, 21
δῶρον 8, 37. 68

ἰά 7, **108
ἴαμβος 8, 77
ἰατήρ 4, 8
ἴατρα 4, 16
ἰγνύς 1, 14
ἰδιάζω 6 tit.
ἴδιος 5, 37
ἰδμή 6, *68
ἰδού 1, 4; 3, 86
ἱερός (ἱρ-) 1, 83; 4, 79. 83. 87. 94; 7, *31; 8, 12
ἰή 4, 82 (bis). 85 (bis)
ἰθύς (A) 5, 53; 8, 60
ἱκανός 3, 81
ἱκετεύω 3, 71
ἴλαος (-εως) 4, 11. 25
ἱλαρός 1, 40
ἱμανήθρη 5, 11
ἱμαντίσκος 6, 71
ἱμάς 6, *72
ἴουλος 1, 52
ἵππος 7, 123
ἴσος 4, *47; 7, 24. 27; (-ον adu.) 2, 32
ἴσσα (ἰσσαῖ) 3, 93
ἵστημι 1, 47; 2, 17; 4, 19. 22. 25. 44; 5, 10. 40; 7, 68
ἴσως 2, 79
ἴτριον 3, †44
ἰχαίνω 7, **10
ἰχανάω 7, 26
ἴχνος 7, 20. †113. 119
Ἰωνικός 7, 59

κάδος 5, 11
καθαιρέω 1, 53
καθέλκω 1, 16
καθεύδω 7, 6
κάθημαι 3, 41; 6, 1
καθικνέομαι 8, **29
καθίστημι 1, 40
κάθοδος 1, 56
καί 1, 16. 17. 24. 25. 27. ††37. 38. 39. 40. 45. 58. 60 (bis). 64. **64. 69. 72. 80. 81; 2, **7. **8. 8. **9. **13. 17. 23. 26. 28. 32. 33. 39. 42. 44. 49. 54. 71. 74. 75 (bis). 76. 77. 83. 88. 95. 96 (bis). 97. 98; 3, ††8. 9. 14. 35. 39. 43. 45. 49. 54. 57. 69. 72. 90. 95; 4 tit. 2 (bis). 3. 5. 7. 10. 11. 16. 22. 39. 42. 56. 66. 67 (bis). †68. 80. 83. 86. 88. 92. 93; 5, 7 (bis). 21. 30. 33. 40. 42. 49. 52. 66. 70. 71. 75. 80. 81; 6, 6. 8. 13. 16. 26. 29. 32. 62. 70. 94. 97. 99; 7, **13. **22. 23. 27(?). 30. **32. 35. 40. 44. 51. 63. 68. 77. 87. 95. 106 (bis).

112; 8, 6. *7. 8. 22. 23. 26. 41. 45. 46. 48. 61. 65. 70. 75; 9, **2. 2; 10, 2; καὶ ... δή 3, 81; καὶ ... καί 2, 69; 3, 34 − 36; 4, 26; 5, 51; καὶ μήν 4, ††57; τε (...) καί 1, *89; 3, 13. 32; 4, 6 (bis). 7. 9. 54. 84; 6, 9. 13. 82; 7, 74. 84. 94; 8, 17. 44; (etiam) 1, 18; 2, **6. **12. 25. 30. 62. 65. 88; 3, 10. 13. 17P. 30. 36. 56. 74. 84. 90. 91; 4, 3. 34. 75; 5, 8. 36; 6, 31. 42. 79. 102; 7, 21. 46. 67. 102. 117. 124. 129; 8, 4. 10; καὶ γάρ 3, 6
καινός 1, 25; 8, 89
καίπερ 8, 59
καιρός 2, **10; 6, 80 u. l.
καίτοι 2, 41
κάκη 3, 42
κακός 2, 17; 3, 4. 42 u. l. 80. 82; 7, 95. 104; 13, 2
καλέω 1, 7; 5, 9. 54 (bis). 56
καλλίας 3, 41
καλλονή 1, 35
καλός 1, 54; 3, 18; 4, 20. 26. 39. 58. 79. 83; 6, 21. 38; 7, 8(?). 84. 115 (bis); 8, *68; (-ῶς) 1, 81; 4, 88; 5, 22. 31; 7, *23. 24
καλυπτήρ 2, 31
καλύπτω 5, 45
κάμνω 3, 14. 32; 5, 84; 8, 4
καμπτήρ 10, 3
κάμπτω 10, 1
κανναβίσκα 7, 58
κάπτω 1, 38; 7, 41
καρδία 1, 57; 4, ††52
καρδιηβολέω 4, †52
καρκίνιον 7, 60. 128
καρκίνος 4, 44
κάρτα 7, *85; 8, 24(?). 71
καρτάζω 8, **24
κάρφος 1, 54; 3, 67
κατά (c. gen.) 3, 3; (c. acc.) 3, 51; 6, 63; 7, 125; 8, 60; (?) 1, 37
καταγηράσκω (in tmesi) 1, **37 − 38
καταζώννυμι 8, *30
καταζώστρη 8, *33
καταικίζω 5, 12
κατακλαίω 1, 59
κατάμυος 5, 68
κατάπλωσις 1, 68
καταράσσω 2, 63
κατάρατος (-ηρητ-) 5, 44
καταρτάω 1, 62; 5, 67
κατασβώννυμι 5, 39
καταψάω 6, 76
καταψεύδομαι 1, 17

71

κατοικέω   4, 10
κάτω   3, 41; 7, 80
κάτωθεν   2, 69
καυχάομαι   1, 33
κεῖ   1, 26; 4, †57
κεῖμαι   3, 8. 15. 20; 4, 47; 6, †5; 7, 121 (bis); 8, 1
κείρω   3, 39
κελεύω   5, 34. 65
κέραμος   3, 44
κεράννυμι   8, **44
Κέρδειος   7, 74
κέρδος   7, 37
κέρκος   3, 68; 5, 45
κέσκιον   12, †3
κηρίον   7, 43
κηρός   7, 28
κηρόω   3, 15
κῆρυξ   4, 13
κίναιδος   2, 74
κινέω   1, 55; 2, ††20; 3, 49. 67; 5, 2; 7, 10. 73
κίσσινος   8, *32
κιχλίζω   7, 123
κλαίω   2, 6; 3, 10. 46; 5, 23; 7, ††8
κλείω (A)   6, 98
κλέος   8, 76
κλεψύδρα   2, 43
κλήιζω   8, **76
κναφεύς (γνα-)   4, 78
κνάω   4, 51; 8, 8
κνίζω   4, 59
κνίσμα   9, **4
κνῦσα   7, 95
κνώσσω   8, 5. 10
κόθεν   uid. πόθεν
κόθορνος   8, *33
κοῖος   uid. ποῖος
κοίτη   1, 22
κόκκινος   6, 19
κοκκίς   7, 61
κόλπος   6, 102
κολυμβάω   8, *41
κόνις   8, 41
κόπτω   2, 50; 6, 84; 7, 6; 8, 42. *60
κόρη (κούρ-)   3, 66; 4, 64. 71
κόρση   7, 71
κόρυμβος   8, **32
κόσμιος   3, 66
κόσος, κοτε, κοῦ, κου   uid. π-
κοχώνη   7, **13. †48
κράς   8, *32
κρέαμα   8, ††70
κρέας   8, *70
κρεμάννυμι   4, 78

κρήγυος   4, 46; 6, 39
κρίμνον   6, 6
κρίνω   1, *35
κρίσις   2, 86
κριτής   2, 2
κροκωτός   8, **28
κτάομαι   8, **64
κτείνω   3, 86
κυβερνάω   2, 100
κυλλός   8, 79
κυμαίνω   1, 56
κύπασσις   8, *31
κύπτω   3, 41
κυρέω   2, 45; 3, 57; 7, 75
κυρτεύς   3, 51
κῦσος   2, 44; 8, 4
κύων   6, 14; 7, 63
κω   uid. πω
κώρυκος   8, 74
κῶς   uid. πῶς
κωφός   5, 55

λάθρηι (-η)   6, 63
λαίμαστρον   4, 46; 7, **18
λαιμάττω   6, *97
λαιμάω   6, ††97
λακτίζω   7, 118; 8, 38
λαλέω   4, 33; 6, 40. 61
λαμβάνω   2, 37. 41. 83. 89; 3, 90; 4, 29; 6, 22; 7, 101. 105(?). 128
λαμπρός   6, 9
λαμπρύνω   7, **12
λανθάνω   1, 35. 37. 63; 3, 93; 5, 31; 6, 35
λάξ   8, 58
λάσκω   3, 11
Λάτμιος   8, 10
λαύρα   1, 13
λέγω (B)   3, ††11; 4, 42. 43; 5, 1. 4. 41. 50; 6, 25. 57. 95; 7, 44. *52
λεία   8, 45; (ληίη) 2, 45
λειόπυγος   7, **12
λεῖος   2, 70; 7, 57
λείπω   1, 58; 3, 4
λεπράω   3, 50
λεπρός   6, 36 u. l.
λεπτός   8, 29
λευκόπυγος   7, **12
λευκός   1, 67
λέων   2, **78
λήγω   8, 65
λήκυθος   3, 21
λῃστρίς   6, 10
λίθινος   7, †109
λίθος   4, 32. 34; 6, 4; (fem.) 4, 21

INDEX VERBORVM HERODEORVM

πρότερος (πρῶτος) (adu.) 5, 36; 6, 45;
  7, 19
προύνεικος 3, 12. †65
πρόφασις 5, 5
πρώην (πρῶν) 5, 62
πρῶτος uid. πρότερος
πτέρνη 7, *21
πυκτεύω 1, 53
πυνθάνομαι 6, 92
πύξ 2, 11. 51. 63
πύραυστρον 4, †62
πυργίς 7, 15
πυρός 2, *17. 19. 80
πω (κω) 1, *87
πῶς 2, 56; (κῶς) 2, 97; 6, 74. 85; 8, 4

ῥάιδιος (ῥηιδίως) 7, 69
ῥάκη 3, ††50
ῥάκις 3, 50
ῥάκος 5, 45
ῥάπτω 6, 18. 43. 47. 48. 51; 7, 89. 129
ῥαφίς 5, 66
ῥέγκω (-γχ-) 8, 2
ῥήγνυμι 3, ††70
ῥῆμα 6, 38
ῥῆσις 3, 30
ῥινάω (B) 7, 69
ῥίνημα 7, 81
ῥιπτέω 8, 43
ῥίπτω 6, **101
ῥίς 6, 37
ῥοπή 7, 33
ῥύγχος 5, 41; 7, 6
ῥυπ[8, 51

σάλη 3, ††42
σαμβαλούχη 7, †19
σαμβαλουχίς 7, *53
σανδαλίσκον (σαμβ-) 7, 125
σάνδαλον (σάμβ-) 7, 60
σανίς 7, 5
σανίσκη 4, 62
σαπρός 2, 23; 6, 36
σάρξ 4, 61
σάφα 3, 13
σαφής (-έως) 7, 121 (bis)
σεαυτοῦ 1, 63. 89; 2, 66. 83; 6, 4; 7, 99
σεληναίη 3, 61
σεμνύνω 2, 26
σῆμα 5, 57
σημαίνω 6, 88
σήμερον 2, 57
σθένω 3, 80
σιγάω 1, **17
σίδηρος 3, 76

Σικυώνια 7, 57
σιλλαίνω 1, 19
σιωπάω 3, 86
σκέλος 3, 40; 5, 2
σκελύδριον 4, 89
σκέπτομαι 1, 65; 5, 31; 7, 92
σκιά 1, 16
σκίπων 8, 9
σκοπέω 2, 99
σκύλος 3, 68P
σκυτεύς 6, 72; 7 tit.
σκῦτος 3, †68; 7, 63
σκωρία 6, 83
σμίλη 7, 119
σός 4, 10; 7, 2. ††108
σοφός 6, 38 u. l.
σπαράσσω 5, 57
σπεύδω 2, 87
σπλάγχνον 1, 57; 3, 42
στατήρ 7, **29. 99
στέγη 3, 5; 6, 88
στεγύλλιον 7, 83
στέλλω 1, 23
στέμμα 8, 11
στέργω 5, 82
στέφω 8, 32
στίζω 5, 28; 8, 32 u. l.
στίκτης 5, 85
στικτός 8, **30
στόμα 3, 47; 6, 24
στρεβλόω 2, 89
στρέφω 1, 8
σύ 1, 3. 5. 9. 36. 73. 88; 2, 42. 55. 65.
  79; 3, 81; 4, 18. 55; 5, 1. 18. 28. 40.
  42. 51. 63; 6. 3. 20. 25. *99; 7, **18.
  66. 67. 74. 112. 117. 122. 127; 8, 3.
  10. 14; 9, 10; (cas. obl. emph.) 2, 72;
  4, 42; 5, †59; (encl.) 1, 8. 11. 20. 24.
  38. 49. 56. 63. **64. 66. 83; 2, 58.
  81; 3, 1. 35. 56. 63. 66. 71. 75. 79.
  83. 85. †87; 4, 3. 39. 46; 5, 2. 12. 15.
  19. 20. 21. 23. 24. 31. 39. 41. 43. 47.
  56. 66. 69. 72. 81; 6, 7. 11. 15. *17.
  18. 22. 42. 45. 79. 85. ††90; 7, 1. 4.
  13. **19. 69. 80P. 83. 85. 88. 90. 93.
  ††96. **104; 8, *8. 11. 59; 9, 4. 13;
  (plur.) 1, 19; 2, **16. 27. 60. 85.
  100; 4, 79. 81; 7, 21. 25. 50. 55. *56.
  62. 106. 118
σῦκον 6, 60 (bis)
συλάω 8, 22
συλλαβή 3, 22
σύμπους 3, 96
συμφορά 3, 7
σύν (c. dat.) 4, 88; 7, 88; (adu.) 4, 3

8*

77

2. INDEX VERBORVM FRAGMENTORVM MIMORVM

a) Index nominum

b) Index uerborum

ἀστοχέω   4, 21
ἄστρον   1, 11
ἀσφαλής   (-έστερον, adu.) 7, 64
ἀτυχέω   1, **51
ἀτυχής   (-ῶς) 1, 51
αὐλός   6, **90
αὐτάρκης   14, 11
αὐτός   (ipse) 1, 25; 6, 56. 149; 13, 20;
   (is) 1, 10; 4, 17; 6, 20. 33. 50. 55. 94.
   103. 116. *141; 7, *2. **7. 11. 15. 16.
   33. 45 (bis). 51. 52. 56. 63. 80; 10, 13
αὐτοῦ   (hic) 6, 112
αὐχέω   7, 15
αὐχήν   14, 33
ἀφίημι   1, 27. **48. **62; 7, 80
ἄφρων   1, 31
ἄχνυμαι   12, 37

βαδίζω   4, 15
βάλλω   1, 25; 3, **5; 6, 1. 69; 13, 3
βάρβαρος   6, *88. 89; 13, 4
βαρέω   6, 96
βασανίζω   13, 7
βάσκω   6, 60
βαστάζω   6, 137; 7, 14
βῆμα   6, 89. 91
βιάζω   15, 6 u. l. 42 u. l.
βινέω   7, 3. **36
βίος   4, 19
βλαστάνω   14, 31
βλέπω   6, **132; 7, 16
βοηθέω   6, 123
βουλεύω   7, 64; 10, 4
βούλομαι   7, 21. 64; 14, **16
βραχύς   8, 17; 13, 22
βριαρ[9, 10
βροντή   11, 1

γαμέτης   8, 12
γάρ   1, 23. 30. 32; 3, 4; 4, 21; 6, 5.
   46. *99. 115. 141. 149; 7, **36. 68. 82;
   9, 9; 10, **16; καὶ γάρ 7, 45
γελάω   7, 63. 72
γέλως   5, 8
γέμω   2, 21
γενέτης   13, 16
γένος   6, 53; 7, 15
γέρων   7, 45. 46. 55. 65
γίγνομαι   1, 1; 3, *1; 6, 106; 7, 7. 10.
   15. 19. 27. 36. 45. 51. 62. 66. 68; 8,
   15; 10, 13
γιγνώσκω   1, 33; 13, 23
γλωσσόκομον   15, 17
γνώμη   7, 65; 10, 3

γόης   3, 8
γόος   8, 10. 17. 25
γραῖς   15, 15
γυμνάσιον   5, 10
γυναικεῖος   7, 15
γυνή   6, 115; 8, 15; 10, 22

δέ   1, 25. 31. 36. 54. 60; 2, 19; 3, 6;
   4, 24; 6, **1. 51. *53. 56. 90. 97. 112.
   *145. 147; 7, 12. 13. 14. 16 (bis). 21.
   **29. *33. 36. 50. 56; 10, **3; 13, 17.
   19; 14, 12. **16
δεῖ   1, 30. 37; 6, 44. 48. *138; 7, 74;
   13, 11
δείκνυμι   7, 16; 15, **1
δεινός   10, **5
δελφάκιον   15, 36
δέμα   13, 3
δένδρεον   7, 16; 8, 6
δέρω   13, **1
δέσποινα   6, 106
δεσπότης   7, 84
δεῦρο   6, 97. *98. 100
δεύτερος   8, 9. 24
δέχομαι   1, 28
δέω   (B) 6, 44. 139
δηλονότι   6, **6
δῆμος   5, 2
διά   (c. acc.) 1, 39; 5, *5; 10, 9; (inc.)
   6, 7
διακονέω   6, 50. 55. 148
διαλλαγή   7, 45
διαλλάσσω   7, 55
διαλύω   1, 38
διάνοια   1, 10
διασπάω   7, 16
διασώιζω   6, **1. **7
διαφεύγω   7, 21
διάφορος   1, 55
διδάσκω   8, 11
δίδωμι   2, 17; 6, 66. 90. 149; 7, 10.
   45
δίζημαι   15, **1
διηθέω   7, 45
δίκαιος   10, 1. 6
διυλίζω   7, 38
διώκω   12, 33
δοκέω   6, 3. 38. 126; 7, 44. 62
δόξα   7, 77
δουλεύω   1, 28
δοῦλος   (A) 7, 5. 11; (adi.) 5, 5
δράσσομαι   6, 53
δρόσος   4, 13
δύναμαι   1, 45; 4, 9; 6, 42. 136
δύο   15, 29. 30

INDEX VERBORVM FRAGMENTORVM MIMORVM

ἔ (ἐέ) 7, 35
ἐάν 1, 31; 6, 7. 41. 42. 49. 51. 53. 101.
136; 7, 65; (ἄν) 1, 37. *41. **51
ἔαρ (A) 14, 17
ἐάω 13, 22
ἐγκαταλείπω 4, 22
ἐγκρατής 7, 45. 68
ἐγώ 1, 54; 2, 19; 6, 38. 49. 55. 101.
112. 143; 7, 7. 16. *33. 43. 56; (cas.
obl. emph.) 4, 22; 7, 33. 56; 13, 4.
5. 11. 12. *14; (encl.) 1, 3. 5. 6. 9. 11.
12. 13. 16. 17 (bis). **20. 21 u. l. 23.
25. 27. 28. 34. 48. 50. **62; 2, 11. 17;
3, 8. 11. 13; 4, 9. 13. 15. 16. 21; 6, 6.
17. 26. 30. 105. 112. 128; 7, 3. 16. 20.
34. 38. 44. 71. 74. 75. 76. 79. 80. 81;
8, 11; 9, 4; 10, **12. 16. 27; 13, 3;
15, 1; (plur.) 6, 125. 133; 7, 25. 46.
65; 10, 17
ἐθέλω 7, 36; (θέλω) 6, 51. 128. 130; 7,
8. 10. 26. 45. 55. 70; 12, 32
εἰ 1, 35; 7, 12. 13. *14. 21. 34; 10,
**19; 13, 15; 14, 32
εἴδω (A) 7, 28. 30. 33. 34. 36. 52. 56
εἴδω (B) 7, 82; 10, 17. 18
εἰκόνιον 15, 20
εἰμί 1, 3. 20. 31; 6, 4. 38. 69. 104. 125.
127; 7, 15. 28. **29. 30. 48. 49. 54.
58. 79. 82. 83; 8, 1; 9, 1; 10, **5.
10. 25; 12, 3; 13, 15. 17. 22. 29. 30
εἶπον 6, 26; 7, 31; 13, 14
εἰς 3, 8; 6, 40. 59. 129; 8, **20; 10,
11; 14, 11. 14; 15, 28. 35. 38. 40.
42. 44. 45
εἷς 1, 31; 14, **17; 15, 20
εἰσέρχομαι 6, 135. 147; 7, 16. 28. 39
(bis). 56. 64
εἴσοπτρον 15, 13
εἰσπίπτω 3, *8
εἴσω (ἔσω) 7, **16. 30
ἐκ (uel ἐξ) 1, 1; 4, 10; 10, 10
ἑκατε[14, 5
ἐκδέχομαι 6, 112
ἔκδοτος 1, 13
ἐκεῖνος 6, 145; 7, 15. 19. 21. 33. **34;
10, 10. 22
ἐκπίπτω 12, 42
ἐκτινάσσω 7, 11
ἔλεγος 8, 14. 17. 23
ἔλεος 6, 47. 142
ἐλευθέριος 7, 78
ἕλκω 7, 15. 32
Ἑλληνικός 4, 18
ἐμαυτοῦ 4, 23

ἐμός 1, 21 u. l. 52. **62; 4, 7; 7, 15;
8, 22. 24; 10, **19. 20; 13, 2
ἐν 1, 10. 16; 3, 13; 4, 5. 14. 19. 20; 6,
6. *18. 52; 7, 15. 31; 9, 2
ἔνδον 6, 104 (bis); 7, 16
ἔντιμος 8, 18
ἐξαναστατόομαι 2, 16
ἔξειμι (A) 7, 34
ἔξω 6, 97. 103
ἑορτ[14, 31
ἐπαινέω 6, 97; 7, 57
ἐπαίρω 13, **1
ἐπειδάν 7, 25
ἐπέραστος 4, 18
ἐπί (c. dat.) 7, 25; (c. acc.) 1, **29; 3,
6; 4, 23; 7, 15. 45. 82
ἐπίβουλος (-ως) 1, 5
ἐπιγιγνώσκω 7, 45
ἐπιδίδωμι 7, 71
ἐπιθυμέω 3, **2
ἐπικωμάζω 13, 18
ἐπιμανής 1, **29
ἐπιμελής (-ῶς) 7, *31
ἐπισπάω 6, 142
ἐπιτάσσω 7, 26
ἐπιτήδειος 6, 4; (-ως) 1, *52
ἐπιτίθημι 4, 23
ἐράω (A) 1, 20. **29. 42; 2, 14; 3,
11; 4, 22; 7, 2
ἐργαστήριον 15, 11
ἔργον 7, 15
ἐρεγμός 6, 19
ἔρις (A) 1, 34; 7, 34. 36
ἐρνίον 4, 17
ἔρχομαι 2, 20; 7, **33
ἐρῶ 7, 16
ἔρως 1, 9. 14. 31. **34; 3, **8
ἑστία 5, 7
ἑταῖρος (-α) 10, **5
ἕτερος 7, 16; 13, 24. **24
ἔτι 1, 12; 7, 65
ἑτοιμάζω 6, 41. 42; 7, 56
ἕτοιμος 6, 98; 7, *58
εὐδοκέω 1, 28
εὐθυμέω 3, **2
εὔθυμος 3, **2
εὐθύς (-ύ) 1, 37
εὔκαιρος (-ως) 7, 45
εὐμενής 6, 106
εὐνή 8, **20
εὑρετής 1, 7
εὑρίσκω 11, 6
εὐσεβής 5, 12; 14, 8
εὐφημέω 6, 44
εὐχή 6, 46

83

κιθάρα 15, 36
κιθαρισμός 6, **90
κλαίω 4, 16; 8, 1. 23
κοινός 13, 19
κοινωνέω 14, 26
κοιτάζω 1, 46
κομψός 10, **12
κοπίζω (Α) 10, **2
κόρη 13, 14
κόσμιος 10, 4
κοσούλλιον 15, 32
κουρεύς 15, 11
κουρικός 15, 12. 33
κρατερός 9, 3
κρατέω 3, 10; 6, 105; 9, 2
κρήνη 5, 9
κρίνω 1, 40
κριτής 10, 7
κροταλισμός 6, **90
κρότος 6, **90
κρούω 2, 15
κρύπτω 6, 29
κτίζω 1, 8
κυβερνήτης 6, 101
κυνάριον 15, 37
κυνήγιον 6, 116
κυρέω 9, 6
κύριος (subst.) 1, 27. 42. 48. 51. *60.
    **62; 2, 18; 5, 12; 6, 7. **30. 42.
    107. 123. 132; 7, 7. 12. 75. 79;
    (inc.) 2, 4
κύσθος 7, 15
κῶμος 3, 6
κώπη 15, 33
κωφός 7, 36

λαγχάνω 6, 59
λακτίζω 6, 65
λαλέω 1, 62; 6, 31. 67. 102
λαμβάνω 1, 9. 34; 7, 61; 10, **39
λανθάνω 7, 21; 9, 8
λέγω (Β) 4, 20; 6, **6. 58. 66. 92.
    *100; 7, 16. 17. *24. 31. 73. 74 (bis).
    80; 10, 16; 13, 10. 13. 21
λείπω 9, 4
λευκόπωλος 5, 1
λήθη 8, **20
ληίζομαι 15, **1
λίθος 4, 23; 7, 14
λιτανεύω 13, *11
λόγος 13, 6
λοιπός 6, 53; 7, 64; 12, 35
λούω 6, 56
λύχνος 15, 32
λύω 6, 30. 108

μά (Α) 6, 125; 10,20
μαγεύω 8, 22
μαίνομαι 1, 23. 32. 34; 2, 14; 7, 27;
    13, 1
μακάριος 4, 20
μακράν 7, 16
μακρηγορέω 14, 16
μάλα 6, 41; μᾶλλον 3, 13; 7, 36; μά-
    λιστα 7, 68
μαλακός 15, 4. 38
μαλόω 6, 43
μανθάνω 13, 10
μανός 1, **29
μαστιγίας 7, 7. 26. 38. 39
μάστιξ 7, *4. 9. 10
μάχιμος 4, *18
μάχομαι 12, 29
μέγας 1, 19. 29; 2, 15. 20; 4, 19; 6,
    109
μέθη 5, 8; 6, 96
μεθύω 2, 20; 3, 1; 13, 18
μέλλω 1, 5. 23. 54; 6, 47. 99; 7, 25;
    12, 1
μέλος 8, 14. 19
μέν 1, 43; 6, 96; 7, 64; 12, 36; 14,
    15
μένω 6, 48; 7, 15. 84
μερίδιον 6, 59
μερμίλλων (μορβίλλων) 9, 1
μέρος 10, 10
μετά (c. gen.) 6, 44. 56. *139; 7, 16.
    33. 45; 15, 6
μεταίτιος 1, 20
μεταλλαγή 10, 14
μετανοέω 7, 55
μεταπίπτω 2, 11
μετέρχομαι 13, 10
μή (c. imper.) 2, 11. 15; 3, 11; 6, 49
    (bis). 143; 13, **1. 2; (c. subi.) 1,
    27. **62; (sine uerbo) 6, 72; (οὐ μή
    c. subi.) 7, 21; (in sent. final.) 3, 10;
    7, 16 (bis). 30. 34. 63. 72; (in protasi)
    1, 41; 6, 51; (c. infin.) 2, 6; (c. partic.)
    6, 68; (in interrog.) 13, 13
μηδέ 9, 8; 13, 14
μηδείς 11, 5
μισέω 7, 82
μοιχεύτρια 10, **24
μοιχικός 10, **27
μοιχός 10, **24
μονιός 1, 32
μονοκοιτέω 1, 35; 2, 7
μονομαχέω 9, 7
μόνος 9, 4; (-ον adu.) 1, 31; 6, *145;
    7, 80

85

μονόω 1, 26
μωρός 6, 52. 110

ναί 10, 33. 36; 13, 5. 8
νᾶμα 8, 8
νάπη 8, 12
ναῦς 4, 15; 6, **100
νεκρός 7, 33. 36
νεόγαμος (νεά-) 8, 12
νήπιος 1, 60
νοσέω 1, 60
νοσο[4, 28
νῦν 1, 12. 21. 37. 41. 43; 6, **132; 7,
   2. 15. 34. 45. *68; 10, **13; 13, 10;
   νυνί 7, 21
νύξ 1, 11
νύχιος 8, 20

ξίφος 9, 3
ξύλον 7, 82

ὁ ἡ τό (pron.) 1, 19; 7, **29; (artic.)
   passim
ὁδός 4, *5
ὀδούς 7, *11
ὀδυνάω 1, 17
ὀδύνη 1, 3
οἰνόμελι 7, 45. 61
οἶνος 6, 50. 52. 69. **148; 7, 38
οἷος (οἷα adu.) 8, 12
ὀκνέω 6, 67
ὀλίγος 6, 127
ὅλος 10, 10; 12, **35
ὄμνυμι 7, 22
ὅμοιος 10, 25
ὁμολογέω 3, 11
ὁμόνοια 14, 13
ὄντως 7, 17
ὁπλίζω 3, 6
ὅπλον 9, 3
ὀπυά 1, ††52
ὀπυάζω 1, 52
ὅπως (in sent. final.) 7, *34. 38
ὁράω 1, **29
ὀργίζω 1, 37
ὀρεοφύλαξ 7, 21. 31
ὁρμαίνω 8, **8
ὁρμέω 6; 99
ὄρνις 4, 16
ὀρχέομαι 6, 93
ὅς 1, 12. 26. 40. 46. 51; 3, 14; 5, 5.
   11; 7, 45; 14, 9; (οὗ) 13, 12
ὅσιος (-ως) 6, 48
ὅστις (-περ) 7, *82
ὅταν 1, 4. 34 (bis)

ὅτε 8, 11. 14
ὅτι 1, 33; 6, **6; 10, 10; 13, 10
οὐ(κ) 1, 10. 19. 21; 3, 12. 14; 5, 3; 6,
   44. **52. *138; 7, 7. 8. 26. 80; 10, 7.
   20. 27; 12, 32. 40. 41(?); 13, 10. 16;
   14, **16; 15, 3. 35; οὐχί 1, 39; 14,
   **17
οὖ 6, 117
οὐαί 7, 81 (ter); 12, 30 (bis)
οὐδαμοῦ 11, 7
οὐδέ 6, 145; 7, 10; 10, 11
οὐδείς 7, 10; 12, 34; 13, *15; 14, 9;
   15, 43
οὐ μή 7, 21
οὖν 6, 67. 128; 7, 4. 15. 51. 56. 70
οὔτε 10, 7. **7. 27. **27
οὗτος 1, 17 (bis). 25. 39; 4, *19; 6,
   10. 38. 40. 45. 52. 56. 96. **107. **128.
   140. 149; 7, **7. 15 (bis). 31. 36. 45.
   49. 50. 64. 80. 82. 83; 10, 3. **4. **5.
   15. 18; 12, 31. 39. 44; 13, 22; 14, 12
οὕτως 6, 51; 15, 26; (-ω) 7, 36. 44; 12,
   **43; 13, 8
ὀφθαλμός 7, 37
ὄψις 7, 16

παιδίον 7, **2. 47
παίζω 6, 49
παῖς 4, *13; 7, **2. 10. **10. 15. 47;
   8, 5; 9, 6. 9
παλάμη 9, 2
πάλι 6, 92. 102
πάλιν 7, 34. 83
πανάθλιος 6, 105
παννυχίς 13, 25
Πανόληπτος (-λημπτος) 7, 62
πάππας 8, 14
παρά (c. gen.) 3, 7; 6, 45. 125; 8, 14;
   (c. dat.) 10, 2; 13, 25; (c. acc.) 6,
   127
παραβάλλω 6, 100
παραγίγνομαι 6, 10. 49. 57. 116
παραγρα( ) 15, 24
παραδίδωμι 7, 31
παραίτιος 1, 20 u. l.
παρακαλέω 13, 4
παράκειμαι 7, 16
παράκλητος 10, 8
παράκρητος (uerb. nihili) 10, 8
παρακύπτω 2, **9
παραλαμβάνω 1, 14
παραλλάξ 6, **91
παραπέμπω 1, 12
παράσιτος 7, 46. 48. 54. 62. 66. 69. 72
παρασπάω 6, *47

σεμνός 9, **1
σεύω 10, 36
Σηρικός 6, *91
σίδηρος 7, 31
σινδόνιον 15, 21
σκάπτω 7, 12
σκληρός (compar.) 7, 15
σκυτίζω 10, **2
σός 6, 106; 8, 5; 13, 15. 17
σπάθη 15, 19
σπαράσσω 13, 9
σπάω 7, **33
στέγω 1, 33
στενάζω 8, 9
στέφανος 1, 25; 9, **5
στρατηγός 5, 12
στρέφω 2, 19; 7, 41
σύ 1, 36. 60; 6, 49. 97. 143. 147; 7,
  10. **36. 79; 8, 5. 11; 10, **12. **16;
  13, 17; 15, ††1; (cas. obl. emph.) 6,
  100; 7, 42; (encl.) 1, 47; 2, 21; 5, 2;
  6, 8. 25. 126; 7, 12. 15. 37. 43. 53. 81.
  82; 8, 1. 19; 10, 7; 13, 11; 15, 1;
  (plur.) 4, 24; 6, 65; 7, 16. **17. 17.
  18. 20. 21. 31. *33. 56
συγγνώμη 10, 12
σύγγονος 13, 4
συγκεράννυμι 7, 57
συγχαίρω 6, *30. 107
συλλαμβάνω 7, 15
συλλυπέω 10, 15
συμφυής 14, 13
σύν 7, 15
συνακολουθέω 7, 63
συνανατέλλω 5, 1
συνεισέρχομαι 7, 38
συνεράω (B) 1, 11
συνίημι 10, *3
συνοδηγός 1, 15
συντρέφω 7, 15
σύρω 7, 32
σφαγιάζω 7, 16
σφάλλω 3, **5
σφῦρα 15, 19. 30
σφυρόν 13, 3
σχῆμα 15, 47
σχημάτιον 15, 2
σώιζω 6, 41. 106; 14, 12
σῶμα 13, 1
σῶς 7, 84; 10, **19
σωτηρία 6, 44. *138; 10, 20
σωφρονέω 6, *138

ταλαίπωρος 6, 126; 7, *36. 81
τάλας 6, 104; 7, 62. 63

τάσσω 15, **25
τάφος (A) 8, 2
τάχα 13, 17
τάχος 7, 57
ταχύς (-έως) 6, 66; (-ύ adu.) 6, **100;
  θᾶσσον 6, 98
τε 5, 10. 13; 9, **10; 13, 20
τέκνον 4, *14; 8, 4. 23
τελέω 7, 64
τέμνω (A) 8, 12
τερετισμός 6, **90
τηρέω 4, **10. *14; 7, 31
τιβιάζομαι 15, 6. 42
τίθημι 1, ††52
τις 3, 6. 7. 10; 6, 42. 136; 7, 15. **34.
  45. 63; 11, 2; 13, 10. 13
τίς 1, 40; 6, 58. 66. 73. 92; 7, 4. 17.
  27. 28. 29. 49. 51. 66. 70. 74. 75. 83;
  10, 4. 9; 15, 6 u. l. 42 u. l.; (τί = cur)
  6, 99; 12, 39; 13, 3
τοιγαροῦν 5, *7
τοίνυν 6, 144. 147
τοιοῦτος 7, 48. 54
τοξεύω 6, 127
τοξικός 6, 117
τοσοῦτος 6, 5
τρεῖς 15, 15
τριβυνάριον 15, 46
τρίβων (A) 2, 17
τριβωνάριον 15, ††46
τρόμος 6, 105
τρόπος 3, **1; 13, 2
τροφή 4, 17
τροφός 13, 5
τρυγία 6, 55
τρυφάω 4, 13
τυγχάνω 1, 22; 6, 98; τυχόν 10, 26
τύμβος 8, 6. 13
τυμπανισμός (τυπ-) 6, **90
τύπτω 13, 9
τύχη 5, 6

ὑγιαίνω 4, 24; 6, 68
ὑδαρής 6, 69
ὑμήν 8, 18
ὑμνέω 7, 25
ὑπακούω 6, 46. 141
ὑπάρχω 7, 44
ὑπερήφανος 7, 30
ὑπερτίθημι 13, 13
ὑπό (c. gen.) 3, 4; (c. acc.) 13, 21;
  (inc.) 8, 19
ὑπομνηστικός 15, 9. *24
ὑποφεύγω 6, **134

INDEX VERBORVM FRAGMENTORVM MIMORVM

φάγιον 15, 34
φαιδρός 7, 6
φαίνω 7, 15. 25
φαιός 7, 71
φαλητάριον 15, 29
φανερός (-ῶς) 13, 14
φαντάζω 7, 17
φάος (φῶς) 7, 78
φάρμακον 7, 45. 57
φασκία 15, 14. 39
φέγγος 8, 21
φέρω 1, 21; 4, *17; 13, 19
φεύγω 6, 40
φημί 1, 20; 6, 59. 93; 7, 29
φιλάδελφος 13, 6
φιλέω 3, 11; 7, **36; 12, 43
φιλία 1, 2. 8; 3, *7
φίλος 1, 11. 39; 2, 5; 4, 13. 24; 8,
    **18; 10, *13
φιλότιμος 5, 13
φιλοτρόφος 4, 20
φιμόω 7, 15
φοβέω 7, 18. 72; 13, 14
φράζω 14, 28
φρεναπάτης 1, 18
φρήν 7, 37; 13, 15
φρονέω 1, 19; 13, 16
φυλάσσω 4, 13
φυτεύω 8, 6
φωνέω 2, 15
φωσφόρος (φαοσ-) 8, 5

χαίρω 5, 6; 6, 67. 121
χαλκεύς 15, 18

χάρις 14, 27; (-ιν praep.) 4, 19
χάρτης 15, 17
χειμών 6, *18
χελιδών 14, 17
χιτώνιον 7, 42; 15, ††21
χλωρός 15, 45
χοιρίδιον 6, 38
χορεύω 6, **89; 14, **32
χορηγία 15, 9. 24
χορηγός 5, 11
χορός 6, 88
χόρτος 15, 34
χράω (B) (med.) 10, 7
χρεία 6, 145; 7, 53; 15, 3. 35
χρύσεος 8, 7
χρυσός 9, 9
χρωτίζω 1, 26. 36
χωρίζω 7, 44

ψυχαγω[γ 12, 27
ψυχή 1, **62; 3, 8; 4, 32; 5, 9
ψυχομαχέω 4, 21

ὦ 5, 2; 6, 104
ὧδε (huc) 7, 10. 38. 40. 41; (hic) 7, 35
    (bis)
ὤνειος 6, **52
ὡς (relat.) 6, 130; 7, 15. 25. 45. 64; 8,
    9. 24; 10, 14; 12, 28; (interrog.) 1, 5;
    (causal.) 10, **12
ὥστε (itaque) 6, 133. 135; 7, 15. 45

ADDENDA ET CORRIGENDA

Cum editio iterum imprimenda sit, errores nonullos et additamenta quam breuissime hic collegi. editiones nouas publici iuris recenter fecerunt L. Di Gregorio, Milano 1997 (1–4 hucusque tantum; cum uers.) et ego, in serie 'The Loeb Classical Library', Harvard 1993 (cum uers.; in noua impressione, 2002, adduntur fragmenta mimorum papyracea et delectus fragmentorum Sophronis).

p.1 lin.7 init. <ΘP.>] lege (ΘP.)
p.3 app. crit. 47 insere: init. βίος (Bue.[1]) uel sim.
p.5 app. crit. 4 εχι, χ corr. ex ι] in app. alt. locandum
p.6 app. crit. 14 ἐξή]λθετ'] lege ἐξέ]λθετ'; 15 init. insere: καὶ
p.11 lin.58 lege ἐπεύχεο·; lin.70 κεὶ ρα] lege χεῖρα; lin.71 init. insere: (ΚΟ.)
p.13 app. alt. insere: 11/12 paragr. teste A. S. Sadek, 18th Int. Congr. Pap. (1988) i.439, sed res incertissima
p.15 app. crit. 52 ante 'sup. λ alt.' insere: punctum
p.24 app. alt. 94 sscr.] lege scr.
p.25 app. pr. lin.2 post Cun.[1] insere: , A. Rist, CQ 43 [1993] 440
p.26 app. crit. 30 add.: e.g. Κ[έρδων (Knox[2]) γυναικί (Cun.)
p.33 app. pr. lin.2 ante 'Crv' insere: Κ; lin. 3 post 'Keil' add: ὁ ἰαμβοποιός C. Gallavotti, Boll. d. Class. 9 (1988) 3; app. crit. 72 ad fin. insere:ὄ[ιον]το G. Crane, Harv. St. 90 (1986) 85
p.35 insere: 14. Incertum. Pollux 2.152 (de compositis a χειρο-) χειροπέδας Ἡρόδοτος (Ἡρώδας E. Degani, Studi su Ipponatte [1984] 287) εἴρηκεν, Ἱππῶναξ (fr. 171 W.) δὲ χειρόχωλον τὸν τὴν χεῖρα πεπηρωμένον
p.40 insere: 3a P. Oxy. 3700. ed. pr. M. W. Haslam, The Oxyrhynchus Papyri, 53, 1986. vid. Herodae edit. Loeb. (2002), pp.356, 370
p.41 lin.4 lege:]γαν[
p.42 6 bibl. adde: S. Santelia, Chariton liberata, 1991
p.45 lin.95-97 insere ad fines: [
p.46 app. crit. 125 adde: Ἀ[λέμακα (cf. 124) M. Andreassi, ZPE 136, 2001, 41; 133 lege πε[ράσαντας
pp.46-47 lin.143-144 insere ad fines: [
p.47 para.8 lege:]ᾳνεσ[
p.49 para.37 lin.2 ἐν εἰσθέσει imprimenda
p.50 para.45 lin.5 et 6 coniungendae
p.51 8 bibl. adde: E. Gangutia Elicegui, Humanitas 47, 1995, 481-7
p.58 app. alt. lin.3 lege: epos (v)